Dr. Oetker

Suppen & Eintöpfe

Dr. Oetker

Suppen & Eintöpfe

Weltbild

Vorwort

Suppen und Eintöpfe sind die Klassiker schlechthin. Ob als leichte Vorspeise, wärmende Hauptmahlzeit oder auch mal süß – Suppen und Eintöpfe schmecken immer und jedem.
Wer erinnert sich nicht an den Teller heißen, dampfenden Linseneintopf bei Mama?
Und die Graupensuppe, die es immer bei Oma gab, müssen wir auch mal wieder kochen.
Versuchen Sie neue Kreationen, wie z. B. die Orientalische Möhren-Sesam-Suppe oder den Karibischen Kokos-Fisch-Topf.
Es geht aber auch ohne Fleisch und Fisch. Neben klassischen Rezepten wie Spargeleintopf oder Tomatensuppe überzeugen Nicht-Vegetarier die Brennnesselsuppe mit Parmesankräckern oder die Linsencremesuppe mit Ziegenkäsenocken.
Und dass Suppen auch süß schmecken, zeigen die Kalte Melonensuppe oder die Rhabarber-Himbeer-Suppe.

Alle Rezepte sind überarbeitet und so beschrieben, dass sie Ihnen garantiert gelingen.

Linsencremesuppe mit Ziegenkäsenocken

Zubereitungszeit: 25 Minuten | Garzeit: etwa 13 Minuten

4 Portionen | Pro Portion: E: 21 g, F: 39 g, Kh: 43 g, kJ: 2550, kcal: 609 | Für Gäste

Zutaten

Für die Suppe:

1 mittelgroße Zwiebel

1 Knoblauchzehe

3 EL Olivenöl

400 g TK-Suppengemüse

175 g rote Linsen

1 l heiße Gemüsebrühe

200 ml passierte Tomaten (aus der Dose)

1 Lorbeerblatt

Salz

gemahlener Pfeffer

75 g getrocknete Tomaten in Öl

4–5 Stängel Basilikum

200 g Schlagsahne

Für die Nocken:

200 g Ziegen-Frischkäse

Zum Beträufeln:

etwa 4 EL milder dunkler Balsamico-Essig

Zubereitung

1 Für die Suppe Zwiebel und Knoblauch abziehen und grob würfeln. Olivenöl in einem Topf erhitzen, Zwiebel- und Knoblauchwürfel darin andünsten.

2 Gefrorenes Suppengemüse und Linsen zur Zwiebel-Knoblauch-Mischung geben. Brühe hinzugießen, zum Kochen bringen und etwa 8 Minuten unter gelegentlichem Rühren kochen lassen.

3 Passierte Tomaten unterrühren. Lorbeerblatt hinzugeben. Die Suppe mit Salz und Pfeffer würzen, wieder zum Kochen bringen und etwa 5 Minuten bei mittlerer Hitze kochen lassen, bis die Linsen leicht zerfallen.

4 In der Zwischenzeit getrocknete Tomaten abtropfen lassen. Tomaten in Streifen schneiden. Einige Streifen zum Garnieren beiseitelegen. Basilikum abspülen und trocken tupfen. Die Blättchen von den Stängeln zupfen und klein schneiden.

5 Das Lorbeerblatt entfernen. Die Suppe pürieren, evtl. durch ein Sieb streichen. Sahne hinzugießen und nochmals unter Rühren kurz aufkochen. Die Suppe mit Salz und Pfeffer abschmecken.

6 Die Linsencremesuppe in tiefen Tellern oder Suppentassen verteilen. Mithilfe zweier Teelöffel Nocken aus dem Ziegen-Frischkäse formen und jeweils 1 Nocke in die Suppe geben. Je 1 Esslöffel Balsamico-Essig daraufträufeln. Die Suppe mit Tomaten- und Basilikumstreifen garnieren und sofort servieren.

Tipp

Wenn Sie die Teller oder Suppentassen vorwärmen, bleibt die Suppe länger heiß. Mögen Sie keinen Ziegen-Frischkäse, ersetzen Sie ihn durch Kräuter- oder Paprika-Frischkäse. Das Öl der getrockneten Tomaten kann sehr gut für mediterrane Salate oder Antipasti verwendet werden.

Sommerliches Ratatouille

Zubereitungszeit: 25 Minuten I Garzeit: etwa 18 Minuten

4 Portionen I Pro Portion: E: 13 g, F: 9 g, Kh: 34 g, kJ: 1161, kcal: 276 I Zum Sattessen

Zutaten

Für die Suppe:

300 g Porree (Lauch)

300 g Fenchelknollen

250 g Möhren

2 Stangen Staudensellerie

1 TL Fenchelsamen

3 EL Olivenöl

2 EL TK-Zwiebelwürfel

1 TL Kräuter der Provence, getrocknet

100 g Perlgraupen (mittel)

1 l heiße Gemüsebrühe

1 Lorbeerblatt

Salz

gemahlener Pfeffer

einige Stängel frischer Thymian

450 ml stückige Tomaten (aus der Dose)

400 g TK-Rosenkohl

Kräutersalz

Zubereitung

1 Für die Suppe Porree putzen, die Stangen längs halbieren, gründlich waschen und abtropfen lassen. Porree in Scheiben schneiden und beiseitestellen.

2 Fenchelknollen putzen, abspülen, abtropfen lassen und halbieren. Den harten Mittelteil entfernen, Fenchelhälften in Würfel schneiden. Möhren putzen, schälen, abspülen, abtropfen und in Scheiben schneiden. Staudensellerie putzen und die harten Außenfäden abziehen. Sellerie abspülen, abtropfen lassen und in Scheiben schneiden.

3 Fenchelsamen in einem Mörser zerdrücken.

4 Olivenöl in einem großen Topf erhitzen und Zwiebelwürfel darin hellgelb andünsten. Fenchelsamen, Kräuter der Provence, vorbereitete Fenchelwürfel, Möhren- und Staudenselleriescheiben hinzugeben und unter Rühren andünsten.

5 Perlgraupen, Gemüsebrühe und Lorbeerblatt hinzugeben und zum Kochen bringen. Mit Salz und Pfeffer würzen. Die Zutaten zugedeckt bei mittlerer Hitze etwa 8 Minuten kochen lassen.

6 Thymian abspülen und trocken tupfen. Die Blättchen von den Stängeln zupfen und beiseitelegen.

7 Tomatenstücke, Porreescheiben und Rosenkohl in die Suppe geben. Die Suppe wieder zum Kochen bringen und zugedeckt weitere etwa 10 Minuten kochen lassen. Die Suppe mit Kräutersalz und Pfeffer würzen. Sommerliches Ratatouille in tiefen Tellern oder Suppentassen verteilen und mit Thymianblättchen bestreut servieren.

Tipp

Möchten Sie frischen Rosenkohl verwenden, verlängert sich die Zubereitungs- und Garzeit. Statt der Perlgraupen schmecken auch vorgegarte Weizenkörner im Eintopf sehr gut. Kinder können Sie mit Mini-Gnocchi (250 g) in der würzigen Gemüsesuppe begeistern. Wenn Sie kleine Kartoffelknödel aus dem Frischepack verwenden, müssen diese nur noch kurz in der Suppe miterhitzt werden.

Paprika-Chili-Suppe mit Käse-Crostinis

Zubereitungszeit: 20 Minuten | Garzeit: etwa 10 Minuten

4 Portionen | Pro Portion: E: 14 g, F: 33 g, Kh: 38 g, kJ: 2121, kcal: 512 | Für Gäste

Zutaten

Für die Suppe:

500 g rote Paprikaschoten

1 große Zwiebel

1 Knoblauchzehe

40 g Butter

30 g brauner Zucker

400 ml passierte Tomaten (aus der Dose)

300 ml Apfelsaft

400 ml heiße Gemüsebrühe

Salz

gemahlener Pfeffer

½ TL mildes Currypulver

1–2 Prisen grob geschroteter Chili

Für die Käse-Crostinis:

100–200 g weicher Edelpilzkäse ohne Rinde (z. B. Gorgonzola)

gemahlener Pfeffer

1–2 Msp. abgeriebene Zitronenschale

4–6 Scheiben Vollkorn-Toast oder Weizenmischbrot

Zum Verfeinern:

150 g Crème fraîche

Zubereitung

1 Paprikaschoten halbieren, entstielen, entkernen und die weißen Scheidewände entfernen. Schotenhälften abspülen, abtropfen lassen und nach Belieben mit einem Sparschäler schälen. Schotenhälften grob würfeln. Zwiebel und Knoblauch abziehen und in feine Würfel schneiden.

2 Butter in einem Topf zerlassen. Zwiebel- und Knoblauchwürfel hinzugeben und glasig dünsten. Zucker daraufstreuen und karamellisieren lassen.

3 Paprikawürfel hinzugeben und etwa 2 Minuten mit andünsten. Tomaten, Apfelsaft und Brühe hinzugießen und zum Kochen bringen. Mit Salz, Pfeffer, Curry und Chili würzen. Die Zutaten bei schwacher Hitze etwa 10 Minuten kochen lassen, anschließend pürieren.

4 In der Zwischenzeit für die Käse-Crostinis den Käse in eine kleine Schüssel geben. Mit einer Gabel zerdrücken, dabei Pfeffer und Zitronenschale unterarbeiten, beiseitestellen.

5 Die Paprika-Chili-Suppe mit Crème fraîche verfeinern und nochmals abschmecken.

6 Brotscheiben im Toaster goldbraun rösten. Sofort 2-mal diagonal durchschneiden und mit der Käsemischung bestreichen. Paprika-Chili-Suppe in tiefen Tellern verteilen und die Käse-Crostinis auf die Suppe oder an den Rand des Tellers legen.

Tipp

Für die Suppe können Sie auch bereits geröstete, rote Paprikahälften aus dem Glas verwenden. Die Paprikahälften abtropfen lassen, nur kurz anschmoren und dann im Suppenfond etwa 5 Minuten kochen lassen. Für Kinder die Crostinis mit mildem Frischkäse bestreichen.

Süßsaurer Gemüseeintopf

Zubereitungszeit: 50 Minuten | Garzeit: 5–8 Minuten

4 Portionen | Pro Portion: E: 6 g, F: 8 g, Kh: 23 g, kJ: 812, kcal: 194 | Leichter Genuss

Zutaten

1 rote Peperoni

10 g Ingwerwurzel

je 1 rote und grüne Paprikaschote (je 200 g)

1 Stange Porree (Lauch)

1 kleiner Blumenkohl (etwa 650 g)

400 g Möhren

1 kleiner Kohlrabi

3 EL Apfelessig

2 EL Sojasauce

etwa 120 g passierte Tomaten

2 EL brauner Zucker

1 gestr. EL Speisestärke

750 ml Gemüsebrühe

3 EL Speiseöl

8 Maiskölbchen (60 g, aus dem Glas)

Salz

gemahlener Pfeffer

Zucker

Zubereitung

1 Peperoni längs aufschneiden, entkernen, abspülen, trocken tupfen und in feine Streifen schneiden. Ingwer schälen und fein würfeln. Paprikaschoten halbieren, entstielen, entkernen und die weißen Scheidewände entfernen. Schotenhälften waschen, abtropfen lassen und in schmale Streifen schneiden.

2 Porree putzen, die Stange längs halbieren, gründlich waschen, abtropfen lassen. Den Porree in feine Streifen schneiden. Die Blätter von dem Blumenkohl entfernen. Die schlechten Stellen entfernen und den Strunk abschneiden. Blumenkohl in mundgerechte Röschen teilen, waschen und abtropfen lassen.

3 Möhren putzen, schälen, abspülen, abtropfen lassen und in dünne Streifen schneiden. Kohlrabi schälen, abspülen und abtropfen lassen. Kohlrabi vierteln und in dünne Scheiben schneiden.

4 2 Esslöffel Apfelessig mit Sojasauce, passierten Tomaten und braunem Zucker in einer Schüssel verrühren. Getrennt davon Speisestärke mit Brühe verrühren.

5 1 Esslöffel Speiseöl in einem Topf erhitzen. Peperonistreifen, Ingwerwürfel, Paprika- und Porreestreifen darin etwa 2 Minuten unter gelegentlichem Rühren andünsten. Das Gemüse herausnehmen und beiseitestellen.

6 Wieder 1 Esslöffel Speiseöl in dem Topf erhitzen. Blumenkohlröschen darin etwa 3 Minuten unter gelegentlichem Rühren andünsten, herausnehmen und beiseitestellen.

7 Restliches Speiseöl in dem Topf erhitzen. Möhrenstreifen und Kohlrabischeiben darin etwa 3 Minuten unter gelegentlichem Rühren andünsten. Das beiseitegestellte, gedünstete Gemüse mit den Maiskölbchen wieder in den Topf geben und das gesamte Gemüse anschließend kurz weiterdünsten lassen.

8 Die Essig-Soja-Tomaten-Mischung mit der angerührten Brühe hinzugeben. Die Zutaten unter Rühren zum Kochen bringen und zugedeckt 5–8 Minuten bei schwacher Hitze leicht kochen lassen.

9 Die Suppe mit Salz, Pfeffer, 1 Esslöffel Apfelessig und 1 Prise Zucker süßsauer abschmecken.

Bunter Bohneneintopf

Zubereitungszeit: 30 Minuten | Garzeit: etwa 10 Minuten

4 Portionen | Pro Portion: E: 12 g, F: 4 g, Kh: 36 g, kJ: 979, kcal: 233 | Preiswert

Zutaten

- 300 g Möhren
- 400 g vorwiegend festkochende Kartoffeln
- 1 mittelgroße Zwiebel
- 1 EL Speiseöl, z. B. Sonnenblumenöl
- 1 l Gemüsebrühe
- 2 Lorbeerblätter
- 200 g Tomaten
- 375 g Zucchini
- 530 g weiße Bohnen mit Suppengrün (aus der Dose)
- Salz
- gemahlener Pfeffer
- geriebene Muskatnuss

Zubereitung

1. Möhren putzen, schälen, abspülen und abtropfen lassen. Möhren längs halbieren und quer in Scheiben schneiden. Kartoffeln schälen, abspülen, abtropfen lassen und in kleine Würfel schneiden. Zwiebel abziehen und fein würfeln.

2. Öl in einem Topf erhitzen. Möhrenscheiben, Kartoffel- und Zwiebelwürfel darin bei mittlerer Hitze in 3–4 Minuten unter gelegentlichem Rühren kurz andünsten. Gemüsebrühe hinzugießen. Lorbeerblätter zufügen und alles zum Kochen bringen. Den Eintopf zugedeckt bei mittlerer Hitze etwa 5 Minuten köcheln lassen.

3. In der Zwischenzeit Tomaten abspülen, abtrocknen, halbieren und die Stängelansätze herausschneiden. Tomatenhälften in Spalten schneiden und jeweils quer halbieren. Die Zucchini abspülen, abtrocknen und die Enden abschneiden. Die Zucchini in Würfel schneiden. Bohnen auf ein Sieb abgießen.

4. Tomatenstücke, Zucchiniwürfel und abgetropfte Bohnen zum Eintopf geben. Diesen kurz aufkochen und weitere etwa 5 Minuten köcheln lassen, bis das Gemüse und die Kartoffeln gar sind.

5. Bohneneintopf mit Salz, Pfeffer und Muskatnuss abschmecken. Vor dem Servieren die Lorbeerblätter entfernen.

Tipp

Für einen Bohneneintopf mit Birne die Zucchini weglassen und stattdessen 2 Birnen (je etwa 150 g) verwenden. Möhren, Kartoffeln und Zwiebeln in Öl andünsten, dann etwa 5 Minuten in Brühe garen. Inzwischen die Birnen abspülen, abtrocknen, vierteln, entkernen, in Stücke schneiden, mit Tomaten und Bohnen in die Brühe geben und alles etwa 5 Minuten weitergaren. Den Eintopf mit Paprikapulver, Bohnenkraut, Salz und Pfeffer würzen.

Kartoffel-Pilz-Topf

Zubereitungszeit: 45 Minuten I Garzeit: etwa 25 Minuten

4 Portionen I Pro Portion: E: 15 g, F: 19 g, Kh: 62 g, kJ: 2036, kcal: 486 I Etwas Besonderes

Zutaten

etwa 150 g Möhren
1 ½ kg große, festkochende Kartoffeln
300 g Zwiebeln
30 g getrocknete Steinpilze
6 Wacholderbeeren
7 EL Olivenöl
1 TL gerebelter Thymian
300 ml Gemüsebrühe
700 g braune Champignons
60 g Buchweizen
Salz
gemahlener Pfeffer
½ Bund glatte Petersilie

Zubereitung

1 Möhren putzen, schälen, abspülen, abtropfen lassen, längs halbieren und in dünne Scheiben schneiden. Kartoffeln schälen, abspülen, abtropfen lassen und in 2 cm große Würfel schneiden.

2 Zwiebeln abziehen und in Streifen schneiden. Steinpilze auf einem Sieb abspülen und abtropfen lassen. Wacholderbeeren in einem Mörser grob zerstoßen.

3 Zwei Esslöffel Olivenöl in einem großen Topf erhitzen. Möhrenscheiben, Zwiebelstreifen, Steinpilze, Thymian und Wacholderbeeren darin unter Rühren andünsten. Kartoffelwürfel und Brühe hinzugeben, zum Kochen bringen und zugedeckt etwa 20 Minuten bei mittlerer Hitze kochen lassen.

4 In der Zwischenzeit die Champignons putzen, evtl. kurz abspülen und trocken tupfen. Champignons je nach Größe halbieren oder vierteln.

5 Einen Esslöffel Olivenöl in einer kleinen Pfanne erhitzen. Buchweizen darin bei mittlerer Hitze rösten, bis er duftet. Buchweizen mit Salz würzen und etwas abkühlen lassen. Anschließend im Mörser grob zerstoßen.

6 Restliches Olivenöl in einer großen Pfanne erhitzen. Champignons darin etwa 3 Minuten bei starker Hitze anbraten. Mit Salz und Pfeffer würzen. Sobald die Champignons Flüssigkeit abgeben, die Champignons mit der Flüssigkeit zu den Kartoffelwürfeln in den Topf geben und etwa 5 Minuten mitgaren.

7 Petersilie abspülen und trocken tupfen. Die Blättchen von den Stängeln zupfen und in breite Streifen schneiden.

8 Den Kartoffel-Pilz-Topf aufkochen. Die Hälfte der Petersilienstreifen unterrühren. Den Kartoffel-Pilz-Topf mit Salz und Pfeffer würzen, mit Buchweizen und restlichen Petersilienstreifen bestreuen.

Kichererbseneintopf

Zubereitungszeit: 20 Minuten, ohne Einweichzeit | Garzeit: etwa 60 Minuten

2 Portionen | Pro Portion: E: 17 g, F: 11 g, Kh: 57 g, kJ: 1724, kcal: 412 | Dauert länger

Zum Vorbereiten:

125 g getrocknete Kichererbsen

300 ml kaltes Wasser

375 ml Gemüsebrühe

1 Knoblauchzehe

1 kleine Zwiebel

½–1 rote Chilischote oder
1 Msp. Sambal Oelek

1 EL Speiseöl, z. B. Distel- oder Sonnenblumenöl

½ TL Garam Masala (indische Gewürzmischung)

1 TL Currypulver

150 g Staudensellerie

1 Möhre

4 getrocknete Aprikosen

1 Stange Porree (Lauch)

1 EL Rosinen

Saft von ½ Orange oder 4 EL Orangensaft (Fertigprodukt)

75 g Joghurt (3,5 % Fett)

Salz

1 Zum Vorbereiten Kichererbsen in einem Topf mit Wasser bedeckt über Nacht quellen lassen.

2 Die gequollenen Kichererbsen mit dem Einweichwasser und der Brühe in dem Topf zum Kochen bringen und zugedeckt etwa 50 Minuten bei schwacher Hitze kochen lassen, bis die Kichererbsen fast gar sind.

3 In der Zwischenzeit Knoblauch und Zwiebel abziehen, in kleine Würfel schneiden. Chilischote halbieren, entstielen, entkernen, abspülen, abtropfen lassen und in feine Streifen schneiden.

4 Speiseöl in einer kleinen Pfanne erhitzen. Knoblauch- und Zwiebelwürfel darin kurz andünsten. Chilistreifen oder Sambal Oelek, Garam Masala und Curry hinzufügen, unter gelegentlichem Rühren mitdünsten lassen. Die Pfanne von der Kochstelle nehmen.

5 Staudensellerie putzen und die harten Außenfäden abziehen. Etwas Selleriegrün beiseitelegen. Selleriestangen abspülen und abtropfen lassen. Möhre putzen, schälen, abspülen und abtropfen lassen. Selleriestangen und Möhre in dünne Scheiben schneiden.

6 Knoblauch-Zwiebel-Mischung, Sellerie- und Möhrenscheiben zu den Kichererbsen in den Topf geben, wieder zum Kochen bringen, weitere etwa 10 Minuten kochen lassen, bis alles gar ist.

7 Aprikosen in Würfel schneiden. Porree putzen, die Stange längs halbieren, gründlich waschen und abtropfen lassen. Porree in feine Streifen schneiden. Etwa die Hälfte der Porreestreifen in den Eintopf geben. Die restlichen Porreestreifen zum Garnieren beiseitelegen.

8 Aprikosenwürfel, Rosinen, Orangensaft und Joghurt unter den Eintopf rühren und kurz erwärmen (nicht mehr kochen lassen). Eintopf mit etwas Salz abschmecken.

9 Den Eintopf vor dem Servieren mit den restlichen Porreestreifen und dem beiseitegelegten Selleriegrün garnieren.

Beilage: Fladenbrot.

Roter Linseneintopf mit Kreuzkümmel

Zubereitungszeit: 30 Minuten | Garzeit: etwa 15 Minuten

4 Portionen | Pro Portion: E: 22 g, F: 8 g, Kh: 44 g, kJ: 1423, kcal: 340 | Für Gäste

Zutaten

- 1 Zwiebel
- 1 Knoblauchzehe
- 1 Chilischote
- 2 EL Olivenöl
- 1 TL Currypulver
- 250 g rote Linsen
- 1 TL gemahlener Kreuzkümmel (Cumin)
- 1 ½ l Gemüsebrühe
- 200 g Kichererbsen (aus der Dose)
- 1 Bio-Zitrone
- 1 Bund Koriander
- Salz
- gemahlener Pfeffer

Zubereitung

1 Zwiebel und Knoblauch abziehen. Die Zwiebel in kleine Würfel schneiden. Knoblauch durch eine Knoblauchpresse drücken. Chilischote abspülen, trocken tupfen und in feine Ringe schneiden, dabei die Kerne entfernen.

2 Olivenöl in einem Topf erhitzen und Zwiebelwürfel, Curry, Knoblauch und Chiliringe darin andünsten. Die Linsen hinzufügen und mit Kreuzkümmel bestreuen. Gemüsebrühe hinzugießen. Die Zutaten zum Kochen bringen und zugedeckt bei schwacher Hitze etwa 15 Minuten leicht kochen lassen.

3 In der Zwischenzeit Kichererbsen auf einem Sieb abtropfen lassen. Zitrone heiß abwaschen, abtrocknen und die Schale abreiben. Die Zitrone auspressen. Koriander abspülen und trocken tupfen. Die Blättchen von den Stängeln zupfen und grob zerkleinern.

4 Etwa die Hälfte der Linsen mit einer Schaumkelle aus dem Eintopf nehmen. Den restlichen Eintopf mit einem Stabmixer fein pürieren.

5 Die abgeschöpften Linsen und Kichererbsen in den pürierten Eintopf geben und miterhitzen. Mit Salz, Pfeffer, Zitronenschale und -saft abschmecken. Den Linseneintopf mit Koriander bestreut servieren.

Tipp

Den Linseneintopf mit Papadams (indische Linsenfladen) servieren.

Tomatensuppe

Zubereitungszeit: 30 Minuten | Garzeit: etwa 15 Minuten | Foto

4 Portionen | Pro Portion: E: 5 g, F: 6 g, Kh: 13 g, kJ: 535, kcal: 126 | Einfach – für Kinder

1 ½ kg Fleischtomaten
2 Zwiebeln
2 Knoblauchzehen
2 EL Olivenöl
500 ml Gemüsefond
1 Lorbeerblatt
1 Prise Zucker
Salz
gemahlener Pfeffer
Cayennepfeffer
gerebelter Oregano

einige Basilikumblättchen

1 Tomaten waschen, abtropfen lassen, vierteln und die Stängelansätze herausschneiden. Tomatenviertel in Würfel schneiden. Zwiebeln und Knoblauch abziehen, klein würfeln.

2 Olivenöl in einem Topf erhitzen und Zwiebel- und Knoblauchwürfel darin andünsten. Tomatenwürfel, Fond und Lorbeerblatt hinzufügen. Mit Zucker, Salz, Pfeffer, Cayennepfeffer und Oregano würzen.

3 Die Zutaten zum Kochen bringen und zugedeckt etwa 15 Minuten bei schwacher Hitze kochen lassen.

4 Das Lorbeerblatt entfernen. Die Suppe pürieren und durch ein Sieb streichen. Die Tomatensuppe nochmals aufkochen lassen und mit den Gewürzen abschmecken.

5 Basilikumblättchen abspülen und trocken tupfen. Die Tomatensuppe mit den Basilikumblättchen bestreut servieren.

Tomaten-Fenchel-Suppe

Zubereitungszeit: 10 Minuten | Garzeit: etwa 50 Minuten

2–3 Portionen | Pro Portion: E: 5 g, F: 9 g, Kh: 13 g, kJ: 744, kcal: 178 | Einfach – mit Alkohol

1 Fenchelknolle
1 kleine Zwiebel
2–3 Knoblauchzehen
1 kleine Kartoffel
2 EL Olivenöl
220 g geschälte Tomaten (aus der Dose)
500 ml Gemüsebrühe
Salz
gemahlener Pfeffer
1 Prise Zucker
2–4 cl Pernod (Anislikör)
1 Tomate
einige Basilikumblättchen

1 Fenchelknolle putzen, abspülen, abtropfen lassen, halbieren und in dünne Scheiben schneiden. Zwiebel und Knoblauch abziehen, in kleine Würfel schneiden. Kartoffel schälen, abspülen, abtropfen lassen und in erbsengroße Würfel schneiden.

2 Öl in einem Topf erhitzen. Fenchelscheiben, Zwiebel-, Knoblauch- und Kartoffelwürfel darin etwa 10 Minuten andünsten, ohne sie Farbe nehmen zu lassen.

3 Tomaten hinzugeben, zum Kochen bringen und etwa 10 Minuten bei schwacher Hitze kochen lassen. Brühe hinzugießen, umrühren, wieder zum Kochen bringen und zugedeckt etwa 30 Minuten kochen lassen. Die Suppe mit einem Pürierstab pürieren. Mit Salz, Pfeffer, Zucker und Pernod abschmecken.

4 Tomate abspülen, abtrocknen, halbieren und den Stängelansatz herausschneiden. Tomatenhälften in Würfel schneiden. Basilikumblättchen abspülen, trocken tupfen und in Streifen schneiden. Tomaten-Fenchel-Suppe mit den Tomatenwürfeln und Basilikumstreifen anrichten.

Zwiebelsuppe

Zubereitungszeit: 25 Minuten I Garzeit: 45–60 Minuten

2 Portionen I Pro Portion: E: 20 g, F: 47 g, Kh: 31 g, kJ: 2682, kcal: 641 I Mit Alkohol

Zutaten

2 große Gemüsezwiebeln oder 4 kleine Zwiebeln

50 g Butter

Salz

1 EL Port- oder Weißwein

1 EL Balsamico-Essig

600 ml Gemüsebrühe

1 Lorbeerblatt

1 Bund Suppengrün (Möhren, Sellerie, Porree)

1 Zweig Thymian

Für die Käsecroûtons:

4 Scheiben Baguette oder 2 Scheiben Toastbrot

etwa 90 g geriebener Gruyère-Käse oder ein anderer würziger Käse

gemahlener Pfeffer

2 TL frisch gehackte Petersilie

Zubereitung

1 Die Zwiebeln abziehen, zuerst in dünne Scheiben schneiden, dann in Ringe teilen. Butter in einem Topf zerlassen und leicht bräunen lassen. Die Zwiebelringe darin unter Rühren 10–15 Minuten anbraten, bis sie weich und braun sind. Mit Salz würzen.

2 Zwiebeln mit Wein und Essig ablöschen. Darauf achten, dass sich die Röststoffe vom Boden lösen. Evtl. mit einem Holzschaber/-spachtel loskratzen. Brühe und Lorbeerblatt hinzugeben.

3 Suppengrün putzen, schälen, abspülen und abtropfen lassen. Thymian abspülen und trocken tupfen. Suppengrün und Thymianzweig mit Küchengarn zusammenbinden, in die Suppe geben und zum Kochen bringen. Suppe 45–60 Minuten mit schräg aufliegendem Deckel kochen lassen.

4 Den Backofen vorheizen.
Ober-/Unterhitze: etwa 220 °C, Heißluft: etwa 200 °C

5 In der Zwischenzeit die Käsecroûtons vorbereiten. Dafür die Baguette- oder Toastbrotscheiben dick mit dem geriebenen Käse bestreuen und auf ein Backblech legen.

6 Das Backblech kurz vor Ende der Zwiebelsuppen-Kochzeit in den vorgeheizten Backofen schieben. Die Brotscheiben so lange überbacken, bis der Käseberg flach geschmolzen ist. Das Backblech aus dem Backofen nehmen.

7 Suppengrün mit dem Thymianzweig und Lorbeerblatt aus der Suppe entfernen. Die Zwiebelsuppe nochmals mit Salz und Pfeffer abschmecken.

8 Die Zwiebelsuppe in Suppentassen oder -teller füllen. Jeweils einen gebrannten Croûton in der Suppe schwimmen lassen. Die Zwiebelsuppe mit Petersilie bestreuen.

Spargeleintopf

Zubereitungszeit: 60 Minuten | Garzeit: etwa 30 Minuten

4–6 Portionen | Pro Portion: E: 7 g, F: 9 g, Kh: 23 g, kJ: 846, kcal: 202 | Für Gäste

Zutaten

800 g weißer Spargel
300 g grüner Spargel
2 l Wasser
2 TL Zucker
2 gestr. TL Salz
gemahlener Pfeffer
2 Zwiebeln
2 Knoblauchzehen
50 g Ingwerwurzel
50 g Butter
500 g neue Kartoffeln
250 g Möhren
1 kleiner Kohlrabi
100 g Zuckerschoten
1 Bund Petersilie

Zubereitung

1 Den weißen Spargel von oben nach unten schälen. Dabei darauf achten, dass die Schalen vollständig entfernt, die Spargelköpfe aber nicht verletzt werden. Die unteren Enden abschneiden (holzige Stellen vollkommen entfernen). Von dem grünen Spargel das untere Drittel schälen und die unteren Enden abschneiden. Spargelstangen, -schalen und -enden waschen und abtropfen lassen.

2 Die Spargelschalen und -enden in einem Topf mit Wasser, Zucker, Salz und Pfeffer zum Kochen bringen und zugedeckt etwa 10 Minuten bei schwacher Hitze kochen lassen. Spargelschalen und -enden auf ein Sieb geben, dabei den Spargelfond auffangen.

3 Zwiebeln und Knoblauch abziehen, in kleine Würfel schneiden. Ingwer schälen und ebenfalls in kleine Würfel schneiden.

4 Butter in einem großen Topf zerlassen. Zwiebel-, Knoblauch- und Ingwerwürfel darin glasig dünsten. Spargelfond hinzugießen und zum Kochen bringen. Kartoffeln schälen, abspülen, abtropfen lassen und in kleine Würfel schneiden. Kartoffelwürfel in dem Spargelfond etwa 5 Minuten bei schwacher Hitze kochen lassen.

5 Möhren putzen, schälen, abspülen, abtropfen lassen und in Scheiben schneiden. Kohlrabi putzen, schälen, abspülen und abtropfen lassen. Den Kohlrabi zuerst in Scheiben, dann in Würfel schneiden. Den weißen Spargel in 2–3 cm große Stücke schneiden. Möhrenscheiben, Kohlrabiwürfel und Spargelstücke zu dem Spargelfond in den Topf geben, wieder zum Kochen bringen und zugedeckt etwa 10 Minuten garen. Den grünen Spargel ebenfalls in 2–3 cm große Stücke schneiden und hinzufügen. Den Eintopf zugedeckt weitere etwa 5 Minuten kochen lassen.

6 Von den Zuckerschoten die Enden abschneiden, eventuell abfädeln. Dann die Zuckerschoten waschen und abtropfen lassen. Je nach Größe 1–2-mal durchschneiden. Zuckerschoten in den Eintopf geben und etwa 1 Minute mitkochen lassen. Mit Salz und Pfeffer abschmecken.

7 Petersilie abspülen und trocken tupfen. Die Blättchen von den Stängeln zupfen. Blättchen klein schneiden. Den Eintopf mit Petersilie bestreut servieren.

Japanischer Tofu-Eintopf

Zubereitungszeit: 25 Minuten I Garzeit: 5–10 Minuten

2 Portionen I Pro Portion: E: 21 g, F: 15 g, Kh: 23 g, kJ: 1248, kcal: 298 I Gut vorzubereiten

Zutaten

etwa 500 ml Wasser

2 EL Weißweinessig

150 g Schwarzwurzeln

100 g Möhren

100 g vorwiegend festkochende Kartoffeln

100 g weißer Rettich oder Knollensellerie oder Petersilienwurzel

400 ml Gemüsebrühe

½ Bund Frühlingszwiebeln

150 g Shiitakepilze

200 g Tofu

1 EL Sesamöl

1 EL Sojasauce

Cayennepfeffer

Zubereitung

1 Das Wasser mit Essig in einer Schüssel verrühren. Die Schwarzwurzeln unter fließendem kalten Wasser gründlich abbürsten, dünn schälen, abspülen und abtropfen lassen. Schwarzwurzeln zuerst in etwa 3 cm lange Stücke, danach in dünne Stifte schneiden. Die Schwarzwurzelstifte sofort in das Essigwasser legen, damit sie weiß bleiben.

2 Möhren putzen, schälen, abspülen und abtropfen lassen. Kartoffeln schälen, abspülen und abtropfen lassen. Rettich (Sellerie bzw. Petersilienwurzel) putzen, schälen, abspülen und abtropfen lassen. Die vorbereiteten Zutaten längs vierteln und in sehr dünne Scheiben schneiden. Schwarzwurzeln auf einem Sieb abtropfen lassen.

3 Gemüsebrühe in einem Topf zum Kochen bringen. Das vorbereitete Gemüse hinzugeben, wieder zum Kochen bringen und zugedeckt 5–10 Minuten bei schwacher Hitze kochen lassen.

4 In der Zwischenzeit die Frühlingszwiebeln putzen, abspülen, abtropfen lassen und in 1 cm lange Stücke schneiden. Shiitakepilze putzen, evtl. kurz abspülen und trocken tupfen. Die Stiele herausdrehen oder abschneiden. Pilzköpfe in feine Streifen schneiden. Tofu in Würfel schneiden.

5 Frühlingszwiebelstücke, Pilzstreifen und Tofuwürfel in den Eintopf geben und kurz aufkochen lassen. Den Eintopf mit Sesamöl, Sojasauce und Cayennepfeffer abschmecken und sofort servieren.

Tipp

Shiitakepilze wachsen zwar ganzjährig, sind aber nicht immer im Handel erhältlich. Stattdessen können Sie Champignons verwenden. Schwarzwurzeln gibt es frisch nur in den Monaten Oktober bis März zu kaufen. Alternativ Schwarzwurzeln aus dem Glas verwenden. Diese auf einem Sieb abtropfen lassen, je nach Größe quer durchschneiden und mit den Gemüsezutaten in die Brühe geben.

Italienischer Gemüse-Pilz-Eintopf

Zubereitungszeit: 30 Minuten I Garzeit: etwa 25 Minuten

4 Portionen I Pro Portion: E: 15 g, F: 7 g, Kh: 48 g, kJ: 1327, kcal: 316 I Für Gäste

Zutaten

250 g Fenchelknolle

1 mittelgroße Zwiebel

500 g Möhren

250 g grüne Bohnen

300 g gemischte Pilze, z. B. Champignons, Pfifferlinge, Austernpilze

2 EL Olivenöl

je etwas gerebelter Thymian und Rosmarin

1 l Gemüsebrühe

Salz

gemahlener Pfeffer

425 g geschälte Tomaten (aus der Dose)

1 ½ l Wasser

1 ½ gestr. TL Salz

150 g Orecchiette (ital. Öhrchennudeln)

2 Knoblauchzehen

150 g TK-Erbsen

Zubereitung

1 Fenchelknolle putzen, abspülen, abtropfen lassen und in feine Streifen schneiden. Zwiebel abziehen, halbieren und in kleine Würfel schneiden. Möhren putzen, schälen, abspülen und abtropfen lassen. Möhren in Stifte schneiden.

2 Von den Bohnen die Enden abschneiden. Die Bohnen evtl. abfädeln, abspülen, abtropfen lassen und in Stücke schneiden. Pilze putzen, evtl. kurz abspülen und trocken tupfen. Große Pilze halbieren.

3 Einen Esslöffel Olivenöl in einem großen Topf erhitzen und die Zwiebelwürfel darin andünsten. Fenchelstreifen, Möhrenstifte und Bohnenstücke portionsweise mit andünsten. Dann Thymian und Rosmarin hinzugeben.

4 Die Brühe hinzugießen und zum Kochen bringen. Den Eintopf mit Salz und Pfeffer würzen. Die Zutaten etwa 10 Minuten bei schwacher Hitze kochen lassen. Anschließend die Tomaten mit der Flüssigkeit hinzugeben und alles wieder zum Kochen bringen. Den Eintopf weitere etwa 10 Minuten kochen lassen.

5 In der Zwischenzeit Wasser in einem großen Topf zugedeckt zum Kochen bringen. Salz und Nudeln zugeben und Nudeln nach Packungsanleitung bissfest kochen, dabei gelegentlich umrühren.

6 Anschließend die Nudeln auf ein Sieb geben und abtropfen lassen.

7 Das restliche Olivenöl in einer Pfanne erhitzen. Knoblauch abziehen, durch die Knoblauchpresse in die Pfanne drücken und kurz in dem heißen Fett andünsten. Die Pilze hinzugeben und unter mehrmaligem Wenden etwa 4 Minuten leicht anbraten. Die Pilze mit Salz und Pfeffer würzen.

8 Erbsen, Pilze und Nudeln in den Eintopf geben, nochmals mit Salz und Pfeffer abschmecken. Den Eintopf weitere 3–5 Minuten bei schwacher Hitze kochen lassen.

Bohnensuppe mit getrockneten Tomaten

Zubereitungszeit: 45 Minuten, ohne Abkühlzeit I Garzeit: etwa 12 Minuten

4 Portionen I Pro Portion: E: 18 g, F: 27 g, Kh: 28 g, kJ: 1790, kcal: 428 I Raffiniert

Zutaten

Für das Petersilien-Püree:

70 g Sonnenblumenkerne

2 Bund glatte Petersilie (etwa 50 g)

4 EL Olivenöl

20 g geriebener Gouda, alt

Salz

Cayennepfeffer

Für die Bohnensuppe:

750 g Fenchel

200 g Staudensellerie

2 Knoblauchzehen

1 Bund Frühlingszwiebeln (etwa 70 g)

40 g getrocknete Tomaten

2 EL Olivenöl

1 Lorbeerblatt

375 ml Gemüsebrühe

530 g weiße Bohnen mit Suppengrün (aus der Dose)

gemahlener Pfeffer

Zubereitung

1 Für das Petersilien-Püree die Sonnenblumenkerne in einer Pfanne ohne Fett unter Rühren goldbraun rösten, herausnehmen und auf einem Teller erkalten lassen.

2 Petersilie abspülen und trocken tupfen. Die Blättchen von den Stängeln zupfen und grob zerschneiden. Sonnenblumenkerne mit Petersilie und Olivenöl im Universalzerkleinerer sehr fein hacken. Den Käse kurz unterarbeiten. Das Püree mit Salz und Cayennepfeffer abschmecken.

3 Für die Suppe Fenchel putzen, abspülen, abtropfen lassen. Fenchelgrün beiseitelegen. Die Fenchelknollen vierteln und quer in schmale Streifen schneiden. Staudensellerie putzen und die harten Außenfäden abziehen. Stangen abspülen, abtropfen lassen und in schmale Scheiben schneiden.

4 Knoblauch abziehen und in dünne Scheiben schneiden. Frühlingszwiebeln putzen, abspülen, abtropfen lassen und schräg in dünne Scheiben schneiden. Tomaten in feine Streifen schneiden.

5 Olivenöl in einem Topf erhitzen. Fenchelstreifen, Sellerie-, Knoblauch-, Frühlingszwiebelscheiben, Lorbeerblatt und Tomatenstreifen darin evtl. portionsweise unter Rühren andünsten. Brühe hinzugießen, zum Kochen bringen und zugedeckt etwa 10 Minuten bei mittlerer Hitze garen.

6 Die Bohnen mit der Flüssigkeit in die Suppe geben, wieder zum Kochen bringen und etwa 2 Minuten kochen lassen. Mit Salz und Pfeffer würzen.

7 Die Bohnensuppe mit dem Petersilien-Püree und beiseitegelegtem Fenchelgrün anrichten.

Tipp

Das Petersilien-Püree ist etwa 5 Tage im Kühlschrank haltbar. Gouda kann durch Parmesan ersetzt werden.

Gemüsesuppe „Zack Zack“

Zubereitungszeit: 25 Minuten I Titzelrezept

4 Portionen I Pro Portion: E: 8 g, F: 8 g, Kh: 18 g, kJ: 766, kcal: 183 I So bunt wie gesund

Zutaten

Für die Suppe:

1 mittelgroße Möhre

1 gelbe Paprikaschote

1 Zucchini (etwa 200 g)

1 mittelgroße Zwiebel

1 Knoblauchzehe

3 EL Olivenöl

500 ml heiße Gemüsebrühe

400 g geschälte Tomaten (aus der Dose)

250 g abgetropfte, weiße Bohnen (aus der Dose)

Salz

gemahlener Pfeffer

3–4 Stängel Kräuter, z. B. Oregano, Basilikum, Thymian

Zubereitung

1 Möhre putzen, schälen, abspülen, abtropfen lassen und in Würfel schneiden. Paprikaschote halbieren, entstielen, entkernen und die weißen Scheidewände entfernen. Schotenhälften abspülen, abtropfen lassen und ebenfalls in Würfel schneiden. Zucchini abspülen, abtrocknen und die Enden abschneiden. Zucchini in feine Scheiben schneiden.

2 Zwiebel und Knoblauch abziehen, halbieren und fein würfeln.

3 Olivenöl in einem Topf erhitzen. Zwiebel- und Knoblauchwürfel hinzugeben und kurz andünsten. Möhren- und Paprikawürfel sowie Zucchinischeiben hinzugeben und unter Rühren etwa 2 Minuten mitdünsten. Gemüsebrühe und geschälte Tomaten mit der Flüssigkeit hinzugeben. Die Zutaten zum Kochen bringen und zugedeckt bei schwacher Hitze etwa 10 Minuten kochen lassen.

4 In der Zwischenzeit die Kräuter abspülen, trocken tupfen und die Blättchen von den Stängeln zupfen. Blättchen evtl. klein schneiden.

5 Weiße Bohnen zu der Suppe in den Topf geben. Die Gemüsesuppe weitere etwa 5 Minuten bei schwacher Hitze kochen lassen.

6 Gemüsesuppe mit Salz und Pfeffer würzen. Suppe in tiefen Tellern oder Suppentassen verteilen und mit den Kräutern bestreut servieren.

Tipp

Servieren Sie dazu knuspriges Ciabatta-Brot. Möchten Sie die Gemüsesuppe etwas schärfer, schmecken Sie sie mit Paprikapulver und etwas Chili ab. Geben Sie vor dem Servieren geriebenen Käse oder 1–2 Teelöffel Crème fraîche auf die Suppe.

Hirsetopf mit Rosenkohl

Zubereitungszeit: 25 Minuten I Garzeit: 7–10 Minuten

4 Portionen I Pro Portion: E: 11 g, F: 12 g, Kh: 26 g, kJ: 1087, kcal: 260 I Wintergenuss

Zutaten

etwa 300 g mittelgroße Möhren

1 mittelgroßer Knollensellerie (350–400 g)

2 EL Butter oder Margarine

300 g TK-Rosenkohl

100 g Hirse

750 ml Gemüsebrühe

Salz

gemahlener Pfeffer

Für das Kräuterpesto:

1 kleines Bund Petersilie

30 g frischer Parmesan

½–1 Knoblauchzehe

1 ½ EL Olivenöl

Zubereitung

1 Möhren putzen, schälen, abspülen und abtropfen lassen. Möhren in dünne Scheiben schneiden. Sellerie schälen, abspülen und abtropfen lassen. Sellerie in kleine Würfel schneiden.

2 Butter oder Margarine in einem Topf erhitzen. Möhrenscheiben und Selleriewürfel darin unter gelegentlichem Rühren bei mittlerer Hitze in etwa 2 Minuten kurz andünsten.

3 Rosenkohl mit Hirse hinzufügen. Die Gemüsebrühe dazugießen, mit etwas Salz und Pfeffer würzen. Die Zutaten zum Kochen bringen und zugedeckt 7–10 Minuten bei schwacher Hitze leicht kochen lassen, bis das Gemüse und die Hirse gar sind.

4 Für das Pesto in der Zwischenzeit Petersilie abspülen, trocken tupfen und die Blättchen von den Stängeln zupfen. Die Blättchen grob hacken.

5 Parmesan grob raspeln. Knoblauch abziehen, durch eine Knoblauchpresse drücken oder sehr fein hacken. Petersilie, Parmesan und Knoblauch mit dem Pürierstab fein pürieren.

6 Das Petersilienpüree in eine kleine Schüssel geben und Olivenöl darunterschlagen. Das Kräuterpesto nach Belieben mit Salz und Pfeffer würzen.

7 Den Hirsetopf mit Salz und Pfeffer abschmecken. Das Kräuterpesto in den Hirsetopf rühren oder getrennt dazureichen.

Tipp

Im Herbst/Winter hat frischer Rosenkohl Hochsaison. Dann nehmen Sie statt 300 g TK-Rosenkohl 350–400 g frischen Rosenkohl. Den Rosenkohl von den schlechten äußeren Blättern befreien, etwas vom Strunk abschneiden, die Rosenkohlröschen am Strunk kreuzförmig einschneiden, abspülen und abtropfen lassen. Rosenkohl evtl. halbieren und wie unter Punkt 4 beschrieben in der Gemüsebrühe garen. Wenn Sie den Rosenkohl lieber etwas bissfester mögen, geben Sie den TK-Rosenkohl etwa 5 Minuten vor Garzeitende in die Gemüsebrühe.

Brennnesselsuppe mit Parmesankräckern

Zubereitungszeit: 15–20 Minuten, ohne Abkühlzeit I Backzeit: Kräcker 10–12 Minuten

4 Portionen I Pro Portion: E: 14 g, F: 22 g, Kh: 14 g, kJ: 1289, kcal: 308 I Schnell – preiswert

Zutaten

2 mittelgroße Zwiebeln
2 Knoblauchzehen
2 Kartoffeln (etwa 250 g)
20 g Butter
750 ml Gemüsebrühe
300 g Brennnesselspitzen
Salz
gemahlener Pfeffer

Für die Parmesankräcker:
100 g geriebener Parmesan

100 g Schlagsahne

Zubereitung

1 Zwiebeln und Knoblauch abziehen, in sehr kleine Würfel schneiden. Kartoffeln schälen, abspülen, abtropfen lassen und ebenfalls klein würfeln.

2 Die Butter in einem Topf zerlassen. Zwiebel- und Knoblauchwürfel darin andünsten. Kartoffelwürfel hinzugeben und mitdünsten lassen. Brühe hinzugießen und zum Kochen bringen. Kartoffelwürfel zugedeckt 12–15 Minuten garen.

3 In der Zwischenzeit Brennnesselspitzen verlesen (am besten mit Einweghandschuhen), gut abspülen und trocken tupfen oder schleudern. Brennnesselspitzen zu den gegarten Kartoffelwürfeln in die Brühe geben und mit einem Stabmixer gut pürieren. Mit Salz und Pfeffer würzen. Die Suppe nach Belieben durch ein Sieb passieren. Suppe warm stellen, jedoch nicht mehr kochen lassen, da sie sonst grau wird.

4 Den Backofen vorheizen.
Ober-/Unterhitze: etwa 160 °C , Heißluft: etwa 140 °C

5 Für die Parmesankräcker 4 kleine runde Platten (Ø 5–6 cm) auf Backpapier zeichnen, auf ein Backblech legen. Die vorgezeichneten Platten mit Parmesan ausstreuen. Das Backblech in den vorgeheizten Backofen schieben. Parmesankräcker 10–12 Minuten backen, bis der Käse zerlaufen ist und die Kräcker goldgelb knusprig gebacken sind.

6 Die Kräcker mit dem Backpapier vom Backblech auf einen Rost ziehen. Kräcker erkalten lassen.

7 Die Sahne mit einem Mixer (Rührstäbe) cremig aufschlagen und bis auf 4 Esslöffel unter die warm gestellte Brennnesselsuppe ziehen. Die Suppe mit der restlichen Sahne und den Parmesankräckern anrichten und sofort servieren.

Tipp

Parmesankräcker können schon am Vortag gebacken werden. Parmesankräcker bei Zimmertemperatur aufbewahren (nicht im Kühlschrank, sonst werden sie wieder weich).

Weizensuppe mit getrockneten Steinpilzen und Tomaten

Zubereitungszeit: 35 Minuten, ohne Einweichzeit | Garzeit: etwa 70 Minuten

4 Portionen | Pro Portion: E: 14 g, F: 12 g, Kh: 43 g, kJ: 1430, kcal: 342 | Einfach

Zutaten

- 250 g Weizenkörner
- 20 g getrocknete Steinpilze
- 2 Zwiebeln (etwa 100 g)
- 3 EL Olivenöl
- 1 Msp. getrocknete Chiliflocken
- ½ TL gerebelter Thymian
- 1 l Gemüsebrühe
- 2 Stangen Porree (Lauch, etwa 350 g)
- 250 g Strauchtomaten
- 3 Stängel Basilikum
- Salz
- gemahlener Pfeffer
- 30 g Parmesan (am Stück)

Zubereitung

1 Weizen in eine flache Schüssel geben, etwa 3 cm hoch mit Wasser übergießen und mindestens 12 Stunden (am besten über Nacht) einweichen.

2 Steinpilze kurz mit kaltem Wasser abspülen und abtropfen lassen. Eingeweichten Weizen auf einem Sieb abtropfen lassen.

3 Zwiebeln abziehen und in grobe Würfel schneiden. Olivenöl in einem Topf erhitzen. Zwiebelwürfel, Chiliflocken und Thymian darin andünsten. Weizen hinzugeben und kurz mitdünsten lassen.

4 Steinpilze und Gemüsebrühe hinzugeben und zum Kochen bringen. Die Suppe zugedeckt etwa 60 Minuten bei schwacher Hitze kochen.

5 In der Zwischenzeit den Porree putzen, die Stangen längs halbieren, gründlich waschen, abtropfen lassen und quer in etwa 1 cm breite Stücke schneiden. Tomaten abspülen, trocken tupfen, halbieren und die Stängelansätze herausschneiden. Tomatenhälften entkernen. Kerne durch ein Sieb streichen und den Saft auffangen. Tomatenhälften in Spalten schneiden.

6 Porreestücke in die Suppe geben und etwa 5 Minuten mitgaren. Basilikum abspülen und trocken tupfen. Die Blättchen von den Stängeln zupfen und in Streifen schneiden.

7 Tomatenspalten mit dem aufgefangenen Tomatensaft in die Suppe geben und weitere etwa 5 Minuten bei schwacher Hitze kochen. Die Suppe mit Salz und Pfeffer abschmecken.

8 Käse hobeln oder raspeln. Käse und Basilikumstreifen kurz vor dem Servieren auf die Suppe streuen.

Wintersuppe mit Graupen und weißen Bohnen

Zubereitungszeit: 45 Minuten, ohne Einweichzeit | Garzeit: Suppe etwa 60 Minuten

4 Portionen | Pro Portion: E: 23 g, F: 3 g, Kh: 68 g, kJ: 1656, kcal: 392 | Preiswert

Zutaten

- 250 g getrocknete, kleine, weiße Bohnen
- 150 g Perlgraupen
- Salz
- 1 Zwiebel
- 5 Stängel Liebstöckel
- 3 l Gemüsebrühe
- 1 Lorbeerblatt
- 50 g Staudensellerie
- 100 g Porree (Lauch)
- 250 g Möhren
- 200 g Wirsing
- 100 g Backobst
- gemahlener Pfeffer
- 4 EL frisch geschabter Meerrettich

Zubereitung

1 Die Bohnen in einer Schüssel mit kaltem Wasser übergießen, sodass sie ganz bedeckt sind und über Nacht einweichen.

2 Am nächsten Tag die Graupen auf ein Sieb geben und so lange mit kaltem Wasser abspülen, bis das Wasser fast klar abläuft.

3 Wasser in einem Topf zum Kochen bringen. Etwas Salz hinzugeben und die Graupen darin etwa 40 Minuten kochen lassen. Anschließend auf einem Sieb abgießen, mit kaltem Wasser abspülen und abtropfen lassen.

4 Die eingeweichten Bohnen auf einem Sieb abtropfen lassen. Zwiebel abziehen. Liebstöckel abspülen und trocken tupfen. Gemüsebrühe mit den Bohnen, Lorbeerblatt, 2 Stängeln Liebstöckel und der ganzen Zwiebel in einem großen Topf zum Kochen bringen und ohne Deckel etwa 45 Minuten kochen lassen, bis die Bohnen weich sind. Dabei ab und zu den Schaum mit einem Schaumlöffel abschöpfen.

5 In der Zwischenzeit Staudensellerie putzen und die harten Außenfäden abziehen. Selleriestange abspülen, abtropfen lassen und in dünne Scheiben schneiden. Porree putzen, die Stange längs halbieren, gründlich waschen, abtropfen lassen und in dünne Scheiben schneiden. Möhren putzen, schälen, abspülen, abtropfen lassen und in etwa 1 ½ cm große Würfel schneiden.

6 Wirsing putzen, halbieren und den Strunk herausschneiden. Von den Wirsingblättern die dicken Blattrippen entfernen. Wirsingblätter abspülen, abtropfen lassen und in mundgerechte Stücke schneiden. Das Backobst fein würfeln.

7 Zwiebel, Lorbeerblatt und Liebstöckel mit dem Schaumlöffel aus der Brühe nehmen. Sellerie-, Porreescheiben, Möhrenwürfel und Wirsing in den Topf geben, mit Salz und Pfeffer würzen. Die Suppe wieder zum Kochen bringen und weitere etwa 15 Minuten ohne Deckel kochen lassen.

8 Von den restlichen Liebstöckelstängeln die Blätter abzupfen und grob zerschneiden. Die Graupen in die Suppe geben und miterhitzen. Zuletzt Backobstwürfel unterheben.

9 Die Suppe in Tellern anrichten und mit Meerrettich bestreut servieren.

Mangold-Dinkel-Eintopf

Zubereitungszeit: 35 Minuten, ohne Einweichzeit | Garzeit: etwa 30 Minuten | Foto
4 Portionen | Pro Portion: E: 9 g, F: 13 g, Kh: 35 g, kJ: 1274, kcal: 305 | Preiswert

- 100 g Dinkelkörner
- 250 ml kaltes Wasser
- 2 Zwiebeln
- 1 Knoblauchzehe
- 50 g Butter
- 1 l Gemüsebrühe
- 250 g Kartoffeln
- 150 g Knollensellerie
- 200 g Möhren
- 700 g Mangold
- Salz
- gemahlener Pfeffer
- Paprikapulver edelsüß

1. Dinkel in eine Schale geben, mit kaltem Wasser übergießen und über Nacht einweichen.
2. Zwiebeln und Knoblauch abziehen, in kleine Würfel schneiden. Butter in einem Topf zerlassen und Zwiebel- und Knoblauchwürfel darin andünsten. Brühe hinzugießen. Eingeweichte Dinkelkörner mit dem Einweichwasser hinzugeben, zum Kochen bringen und etwa 15 Minuten bei schwacher Hitze kochen lassen.
3. Kartoffeln schälen, abspülen, abtropfen lassen und in Würfel schneiden. Sellerie und Möhren putzen, schälen, abspülen, abtropfen lassen und in grobe Würfel schneiden. Kartoffel-, Sellerie- und Möhrenwürfel in den Eintopf geben, wieder zum Kochen bringen und weitere etwa 10 Minuten garen.
4. Mangold putzen und große Blattstiele entfernen. Mangold gründlich waschen, abtropfen lassen, in kleine Stücke schneiden. In den Eintopf geben, aufkochen und etwa 5 Minuten mitkochen lassen.
5. Den Eintopf mit Salz, Pfeffer und Paprikapulver abschmecken.

Ajvar-Zucchini-Topf

Zubereitungszeit: 30 Minuten | Garzeit: etwa 20 Minuten
4 Portionen | Pro Portion: E: 5 g, F: 13 g, Kh: 9 g, kJ: 719, kcal: 171 | Raffiniert

- 2 rote Zwiebeln
- 2 Knoblauchzehen
- etwa 400 g gelbe Zucchini
- etwa 400 g grüne Zucchini
- 4 EL Olivenöl
- Salz
- gemahlener Pfeffer
- ½ Glas Ajvar (150 g, Paprikamus)
- 1 ½ l Gemüsebrühe
- 1 Bund glatte Petersilie

1. Zwiebeln und Knoblauch abziehen. Zwiebeln in grobe Würfel, Knoblauch in Scheiben schneiden. Zucchini waschen, abtrocknen und die Enden abschneiden. Zucchini in Scheiben schneiden.
2. Olivenöl in einem Topf erhitzen. Zwiebelwürfel und Knoblauchscheiben darin andünsten. Zucchinischeiben portionsweise hinzugeben und andünsten. Mit Salz und Pfeffer würzen. Ajvar unterrühren und Gemüsebrühe hinzugießen. Den Eintopf zum Kochen bringen und etwa 20 Minuten bei schwacher Hitze kochen lassen. Den Eintopf nochmals mit den Gewürzen abschmecken.
3. Petersilie abspülen und trocken tupfen. Die Blättchen von den Stängeln zupfen und in Streifen schneiden. Den Eintopf mit Petersilienstreifen bestreuen.

Paprika-Zucchini-Topf mit Bergkäse

Zubereitungszeit: 45 Minuten | Garzeit: etwa 15 Minuten

4–6 Portionen | Pro Portion: E: 13 g, F: 20 g, Kh: 8 g, kJ: 1119, kcal: 267 | Raffiniert

Zutaten

2 Schalotten

2 rote Paprikaschoten

je 1 gelbe und grüne Zucchini

1–2 EL Olivenöl

Salz

gemahlener Pfeffer

2 ½ l Gemüsebrühe

1 Rispe kleine Strauchtomaten (etwa 120 g)

Für das Pistou (provenzalisches Pesto):

3 Knoblauchzehen

Salz

1 Bund Basilikum

30 ml Olivenöl

50 g frisch geriebener Parmesan-Käse

100 g grob geriebener Bergkäse, z. B. Comté

Zubereitung

1 Schalotten abziehen, zuerst in dicke Scheiben schneiden, dann in Ringe teilen. Paprikaschoten halbieren, entstielen, entkernen und weiße Scheidewände entfernen. Die Schotenhälften waschen, abtropfen lassen und in etwa 2 cm große Würfel schneiden. Zucchini waschen, abtrocknen und die Enden abschneiden. Zucchini längs vierteln und ebenfalls in etwa 2 cm große Würfel schneiden.

2 Olivenöl in einem großen Topf erhitzen und Schalottenringe darin andünsten. Paprika- und Zucchiniwürfel hinzugeben und mit andünsten. Mit Salz und Pfeffer würzen. Brühe hinzugießen, zum Kochen bringen und etwa 15 Minuten bei schwacher Hitze kochen lassen.

3 Tomaten waschen und trocken tupfen. Eventuell die Stängelansätze herausschneiden.

4 In der Zwischenzeit für das Pesto Knoblauch abziehen, grob zerschneiden und mit 1 Prise Salz in einen Mörser geben. Mit dem Stößel zu einer Paste zerreiben.

5 Basilikum abspülen und trocken tupfen. Die Blättchen von den Stängeln zupfen und grob zerschneiden, zu der Knoblauchpaste geben und fein zerreiben. Die Knoblauch-Basilikum-Masse in einen Rührbecher geben. Olivenöl unterarbeiten. Parmesan-Käse untermischen. Mit Pfeffer abschmecken.

6 Die Tomaten in den garen Paprika-Zucchini-Topf geben und erhitzen. Paprika-Zucchini-Topf in tiefen Tellern anrichten. Mit dem Bergkäse bestreut servieren und Pesto dazureichen.

Tipp

Dazu schmeckt ofenfrisches Baguette.

Rucolasuppe mit Möhrennocken

Zubereitungszeit: 40 Minuten, ohne Abkühlzeit I Garzeit: etwa 20 Minuten

4 Portionen I Pro Portion: E: 7 g, F: 16 g, Kh: 20 g, kJ: 1061, kcal: 254 I Leichter Genuss

Zutaten

Für die Möhrennocken:

300 g Möhren
1 EL Butter
1 TL Zucker
Salz
1–2 EL Wasser
1 Eigelb (Größe M)
1 EL Magerquark
1 EL gehackte Petersilie
2–3 EL Vollkorn-Semmelbrösel

1 l Gemüsebrühe

Für die Rucolasuppe:

125–150 g Rucola (Rauke)
40 g Butter
1 Zwiebel
25 g Weizenmehl
250 ml Milch (1,5 % Fett)
500 ml Gemüsebrühe (von den Möhrenklößchen)

Zubereitung

1 Für die Nocken Möhren putzen, schälen, abspülen, abtropfen lassen und Scheiben schneiden. Möhren mit Butter, Zucker, Salz und Wasser in einem Topf zum Kochen bringen. Die Möhrenscheiben zugedeckt etwa 10 Minuten weich garen. Die Möhren durch ein Sieb streichen oder pürieren. Die Möhrenmasse etwas abkühlen lassen.

2 Die Möhrenmasse mit Eigelb, Quark und Petersilie vermischen. Von den Semmelbröseln so viel untermischen, dass sich gut Nocken abstechen lassen. Die Masse mit Salz abschmecken.

3 Die Gemüsebrühe in einem Topf kurz aufkochen. Von der Möhrenmasse mit zwei Teelöffeln Nocken abstechen und diese portionsweise in die heiße, nicht mehr kochende Brühe geben. Die Klößchen in etwa 5 Minuten gar ziehen lassen. Die Möhrenklößchen mit einer Schaumkelle aus der Brühe nehmen und beiseitestellen. Die Brühe durch ein Sieb gießen. Dabei die Brühe auffangen, 500 ml davon abmessen und für die Suppe beiseitestellen.

4 Für die Suppe Rucola verlesen, dicke Stängel abschneiden, Rucola abspülen, abtropfen lassen und einige Blätter zum Garnieren beiseitelegen. Restlichen Rucola evtl. etwas kleiner zupfen oder schneiden.

5 Butter in einem Topf zerlassen. Zwiebel abziehen, fein hacken und in der Butter andünsten. Mehl daraufstäuben, unter Rühren so lange darin erhitzen, bis es hellgelb ist. Milch hinzugießen, mit einem Schneebesen gut durchrühren, dabei darauf achten, dass keine Klümpchen entstehen.

6 Die beiseitegestellte, abgemessene Gemüsebrühe unterrühren und zum Kochen bringen. Die Suppe etwa 5 Minuten köcheln lassen, dabei gelegentlich umrühren. Die Suppe mit Salz und Pfeffer abschmecken.

7 Rucola in die Suppe geben und pürieren. Die Möhrenklößchen hinzugeben und vorsichtig kurz miterwärmen. Suppe mit beiseitegelegtem Rucola garniert servieren.

Tipp

In ein feuchtes Küchenpapier eingeschlagen oder in einer aufgeblasenen, verschlossenen Frischhaltetüte hält sich Rucola im Kühlschrank etwa 2 Tage.

Spinatsuppe mit gebratenem Ei

Zubereitungszeit: 25 Minuten I Garzeit: etwa 5 Minuten

4 Portionen I Pro Portion: E: 7 g, F: 17 g, Kh: 6 g, kJ: 890, kcal: 213 I Preiswert

Zutaten

Für die Einlage:

15 g Butter
2 Eier (Größe M)

Für die Suppe:

2 Zwiebeln
1 Knoblauchzehe
25 g Butter
1 EL Weizenmehl
750 ml heiße Gemüsebrühe
300 g TK-Blattspinat
75 g Schlagsahne
Salz
gemahlener Pfeffer
geriebene Muskatnuss

Zubereitung

1. Für die Einlage Butter in einer Pfanne zerlassen. Eier vorsichtig aufschlagen, von beiden Seiten bei schwacher Hitze braten. Eier aus der Pfanne nehmen und auf einen Teller geben.

2. Zwiebeln und Knoblauch abziehen und fein würfeln.

3. Für die Suppe Butter in einem Topf zerlassen. Zwiebel- und Knoblauchwürfel darin andünsten. Das Mehl zunächst daraufstäuben, dann unterrühren. Nach und nach die Brühe hinzugießen, unter Rühren zum Kochen bringen. Dabei darauf achten, dass keine Klümpchen entstehen. Gefrorenen Spinat und Sahne unterrühren. Die Zutaten unter Rühren wieder zum Kochen bringen.

4. Spinatsuppe mit Salz, Pfeffer und Muskat abschmecken und etwa 5 Minuten zugedeckt bei schwacher Hitze kochen lassen.

5. In der Zwischenzeit die gebratenen Eier in Streifen schneiden.

6. Spinatsuppe in tiefen Tellern oder Suppentassen verteilen und mit den Eierstreifen garnieren.

Tipp

Dazu passt knuspriges Baguette. Sehr gut schmecken auch feine Räucherlachsstreifen in der Suppe.

Gemüseeintopf mit Graupen

Zubereitungszeit: 45 Minuten | Garzeit: 15–20 Minuten

4 Portionen | Pro Portion: E: 8 g, F: 5 g, Kh: 27 g, kJ: 806, kcal: 193 | Klassisch – für Gäste

Zutaten

200 g Blumenkohl
2 mittelgroße Möhren
125 g grüne Bohnen
100 g vorbereiteter Wirsing
1 kleine Stange Porree (Lauch)
100 g Knollensellerie
100 g junge, ausgepalte Erbsen
20 g Butter
100 g Graupen
750 ml Gemüsebrühe
Salz
gemahlener Pfeffer

evtl. 2 EL gehackte Kräuter, z. B. glatte Petersilie, Schnittlauchröllchen

Zubereitung

1 Von dem Blumenkohl die Blätter und schlechten Stellen entfernen. Blumenkohl in kleine Röschen teilen, waschen und abtropfen lassen. Möhren putzen, schälen, abspülen, abtropfen lassen und in Scheiben schneiden.

2 Von den Bohnen die Enden abschneiden, evtl. abfädeln. Bohnen waschen, abtropfen lassen und in Stücke schneiden oder brechen. Wirsing in Streifen schneiden. Porree putzen, die Stange längs halbieren, gründlich waschen, abtropfen lassen und in etwa 1 cm breite Streifen schneiden.

3 Sellerie putzen, schälen, abspülen, abtropfen lassen und in kleine Würfel schneiden. Erbsen abspülen und abtropfen lassen.

4 Butter in einem Topf zerlassen. Zuerst Selleriewürfel, dann die Möhrenscheiben und Blumenkohlröschen darin andünsten. Anschließend Bohnenstücke, Wirsingstreifen und Graupen hinzugeben, kurz mitdünsten lassen. Gemüsebrühe hinzugießen, mit Salz und Pfeffer würzen. Die Zutaten zum Kochen bringen und zugedeckt 15–20 Minuten garen.

5 Etwa 5 Minuten vor Ende der Garzeit Erbsen und Porreestreifen hinzugeben und mitgaren lassen.

6 Den Eintopf mit Salz und Pfeffer würzen. Nach Belieben mit Petersilie und Schnittlauchröllchen bestreuen und servieren.

Tipp

Anstelle von frischen Bohnen und Erbsen eignet sich auch TK-Gemüse.

Tofu-Möhren-Suppe

Zubereitungszeit: 25 Minuten | Garzeit: etwa 15 Minuten

4 Portionen | Pro Portion: E: 8 g, F: 9 g, Kh: 12 g, kJ: 704, kcal: 168 | Für Gäste – fettarm

Zutaten

- 1 mittelgroße Zwiebel
- 600 g Möhren
- 2 EL Speiseöl, z. B. Sonnenblumenöl
- 750 ml Gemüsebrühe
- 2 Lorbeerblätter
- 1 Stange Porree (Lauch, etwa 200 g)
- 175 g geräucherter Tofu (aus dem Kühlregal)
- 1 Bio-Zitrone
- 1–2 TL Sojasauce
- 1 Prise Zucker
- Salz
- gemahlener Pfeffer
- 1 EL TK-Petersilie

Zubereitung

1 Zwiebel abziehen, halbieren und in feine Würfel schneiden. Möhren putzen, schälen, abspülen und abtropfen lassen. 5 Möhren in Scheiben schneiden.

2 1 Esslöffel Speiseöl in einem Topf erhitzen. Zwiebelwürfel darin unter Rühren bei mittlerer Hitze in etwa 2 Minuten andünsten. Möhrenscheiben hinzugeben und unter Rühren kurz mitdünsten. Dann die Gemüsebrühe und die Lorbeerblätter hinzugeben. Die Suppe einmal aufkochen lassen und zugedeckt bei mittlerer Hitze etwa 15 Minuten köcheln lassen, bis die Möhrenscheiben weich sind.

3 In der Zwischenzeit den Porree putzen, die Stange längs halbieren, gründlich waschen und abtropfen lassen. Den Porree in schmale Streifen schneiden. Die beiseitegelegte Möhre in kleine Würfel schneiden.

4 Den Tofu in größere, mundgerechte Würfel schneiden. Das restliche Speiseöl in einer großen Pfanne erhitzen. Die Porreestreifen, Möhren- und Tofuwürfel darin von allen Seiten unter gelegentlichem Rühren bei mittlerer Hitze in 5–6 Minuten anbraten. Das Gemüse beiseitestellen.

5 Zitrone heiß abwaschen und abtrocknen. Die Hälfte der Schale abreiben. Zitrone halbieren und von einer Hälfte den Saft auspressen.

6 Lorbeerblätter aus der Suppe nehmen. Die Zitronenschale in die Suppe einrühren. Die Suppe mit den Möhrenscheiben mit einem Pürierstab pürieren und nochmals kurz aufkochen lassen.

7 Das restliche Gemüse mit den Tofuwürfeln in die Suppe geben und noch etwa 3 Minuten bei schwacher Hitze darin gar ziehen lassen. Die Suppe mit 1 ½–2 Esslöffeln Zitronensaft, Sojasauce, Zucker, Salz und Pfeffer abschmecken. Zuletzt die Petersilie unter die Tofu-Möhren-Suppe rühren und sofort servieren.

Beilage: Dazu ½ Fladenbrot reichen.

Tipp

Geräucherter Tofu in Kombination mit Zitronensaft, Sojasauce und Zucker gibt der Suppe ein feines, säuerlich-rauchiges Aroma. Sie können die Suppe aber auch mit Tofu natur zubereiten.

Dinkelsuppe mit Minze

Zubereitungszeit: 30 Minuten, ohne Einweichzeit

4 Portionen | Pro Portion: E: 7 g, F: 12 g, Kh: 13 g, kJ: 812, kcal: 193 | Gut vorzubereiten – raffiniert

Zutaten

Zum Vorbereiten am Vorabend:

60 g Dinkelkörner

250 ml Wasser

100 g weiße oder braune Champignons

20 g Butter oder Margarine

1 Zwiebel

1 EL Speiseöl, z. B. Sonnenblumenöl

2 EL Tomatenmark

1 EL Paprikamark

750 ml Gemüsebrühe

Salz

gemahlener schwarzer Pfeffer

Für das Minzpesto:

½–1 Knoblauchzehe

2 EL fein gehackte Minze

30 g frisch geriebener Parmesan

1 EL Olivenöl

Zubereitung

1 Zum Vorbereiten die Dinkelkörner am Vorabend in einen kleinen Topf geben, mit Wasser bedecken und über Nacht quellen lassen.

2 Am nächsten Tag den gequollenen Dinkel mit dem Einweichwasser zum Kochen bringen und zugedeckt etwa 20 Minuten bei kleiner Hitze leicht kochen lassen, bis der Dinkel gar ist.

3 In der Zwischenzeit Champignons putzen, evtl. kurz abspülen und trocken tupfen. Die Champignons in dünne Scheiben schneiden. Butter oder Margarine in einer Pfanne erhitzen. Die Champignons darin rundum in 3–4 Minuten braun anbraten und beiseitestellen.

4 Die Zwiebel abziehen, halbieren und in feine Würfel schneiden. Speiseöl in einem Topf erhitzen und die Zwiebelwürfel darin andünsten. Tomaten- und Paprikamark unterrühren, die Gemüsebrühe hinzugießen, mit Salz und Pfeffer würzen. Die Zutaten zum Kochen bringen.

5 Den garen Dinkel auf ein Sieb geben, gut abtropfen lassen und beiseitestellen.

6 Für das Pesto Knoblauch abziehen und durch eine Knoblauchpresse drücken oder sehr fein hacken. Minze mit Parmesan, Knoblauch und Olivenöl in einer kleinen Schüssel glatt rühren. Das Pesto mit Salz und Pfeffer würzen.

7 Den abgetropften Dinkel und die angebratenen Pilzscheiben in die Suppe geben. Die Suppe nochmals kurz erhitzen.

8 Das Minzpesto unter die Suppe rühren oder getrennt dazu servieren. Die Suppe in tiefen Teller oder Suppentassen verteilen.

Tipp

Ohne Champignons und das Minzpesto lässt sich die Suppe prima einfrieren. Dafür am besten gleich die doppelte Menge zubereiten: Eine Hälfte einfrieren und eine Hälfte mit Pilzen und Minzpesto wie beschrieben weiter zubereiten. Nach Bedarf die unaufgetaute Dinkelsuppe langsam unter gelegentlichem Rühren erwärmen. Champignons und Minzpesto frisch zubereiten.

Pikante Sommersuppe mit Salsa

Zubereitungszeit: 20 Minuten I Röstzeit: etwa 10 Minuten

4 Portionen I Pro Portion: E: 10 g, F: 11 g, Kh: 13 g, kJ: 826, kcal: 197 I Fruchtig frisch

Zutaten

Zum Vorbereiten:

100 g Schinken in dünnen Scheiben, z. B. Schwarzwälder oder Parmaschinken

Für die Suppe:

500 g Joghurt (3,5 % Fett), gut gekühlt

250 ml kräftige Brühe, gut gekühlt

2 EL Olivenöl

Salz

gemahlener Pfeffer

1–2 EL Zitronensaft

1 Prise feiner, brauner Zucker

Für die Salsa:

120 g Tomaten

je 2–3 Stängel Minze und glatte Petersilie

2 reife Pfirsiche oder Nektarinen (etwa 280 g)

1 Prise grob geschroteter Chili

Zubereitung

1 Den Backofen vorheizen.
Ober-/Unterhitze: etwa 220 °C, Heißluft: etwa 200 °C

2 Zum Vorbereiten Schinkenscheiben auf einem Backblech (mit Backpapier belegt) verteilen. Das Backblech in den vorgeheizten Backofen schieben. Schinkenscheiben etwa 10 Minuten knusprig rösten.

3 Das Backblech auf einen Kuchenrost stellen. Schinkenscheiben vorsichtig vom Backblech nehmen und auf Küchenpapier abtropfen lassen.

4 In der Zwischenzeit für die Suppe Joghurt mit Brühe, Olivenöl, Salz und Pfeffer in einer Rührschüssel verschlagen. Joghurtsuppe mit Zitronensaft und Zucker würzen.

5 Für die Salsa Tomaten abspülen, abtrocknen, halbieren und die Stängelansätze herausschneiden. Tomatenhälften fein würfeln. Kräuter abspülen und trocken tupfen. Die Blättchen von den Stängeln zupfen und klein schneiden.

6 Pfirsiche oder Nektarinen abspülen, abtrocknen, halbieren und entsteinen. Pfirsich- oder Nektarinenhälften fein würfeln. Tomatenwürfel und Kräuter unterheben. Mit Chili würzen.

7 Salsa in 4 tiefen Tellern verteilen, Joghurtsuppe hinzugießen und die Schinkenscheiben daranlegen.

Tipp

Dazu passt knuspriges Baguette. Ist Ihnen die Zubereitung der Schinkenscheiben im Backofen zu aufwendig, können Sie sie auch in einer Pfanne ohne Fett rösten. Dazu die Schinkenscheiben in die heiße Pfanne geben und unter gelegentlichem Wenden knusprig rösten.

Statt mit Pfirsichen oder Nektarinen können Sie die pikante Salsa auch mit aromatischem Melonenfruchtfleisch (z. B. Charentais-Melone) zubereiten.

Orientalische Möhren-Sesam-Suppe

Zubereitungszeit: 30 Minuten | Garzeit: etwa 20 Minuten

4 Portionen | Pro Portion: E: 37 g, F: 31 g, Kh: 54 g, kJ: 2695, kcal: 643 | Genuss wie in 1001 Nacht

Zutaten

Zum Vorbereiten für die Bifteki:

50 g Bulgur (Hartweizengrütze)

125 ml heiße Gemüsebrühe

Für die Suppe:

2 Knoblauchzehen

3 EL Olivenöl

2 EL TK-Zwiebelwürfel

2 EL geschälte Sesamsamen

1 Lorbeerblatt

je 3 Gewürznelken und Pimentkörner

je 1 Prise gemahlener Koriander und Cumin (Kreuzkümmel)

1 Prise grob geschrotete Chiliflocken

750 g TK-Möhrenscheiben

750 ml heiße Gemüsebrühe

Salz

gemahlener Pfeffer

200 ml passierte Tomaten (aus der Dose)

480 g abgetropfte, abgespülte Kichererbsen (aus Dosen)

Für die Bifteki:

400 g Rindergehacktes

1 Ei (Größe M)

1 Prise grob geschroteter Chili

1 Prise gemahlener Zimt

40 g Rosinen

Außerdem:

4–8 Holzspieße (etwa 10 cm lang)

Zubereitung

1 Bulgur und Brühe in einem Topf bei schwacher Hitze 8 Minuten kochen. Bulgurmasse herausnehmen, etwas abkühlen lassen.

2 Für die Suppe Knoblauch abziehen, würfeln. 2 Esslöffel Öl in einem Topf erhitzen und Zwiebelwürfel, die Hälfte des Knoblauchs und Sesam darin andünsten. Gewürze und TK-Möhren hinzugeben und kurz mitdünsten lassen. Brühe hinzugießen und zum Kochen bringen. Mit Salz und Pfeffer würzen und etwa 10 Minuten garen.

3 In der Zwischenzeit Bulgur mit Gehacktem, Ei, Salz, Pfeffer, Chili und Zimt zu einem glatten Teig verkneten. Rosinen unterarbeiten. Aus der Masse kleine 6–7 cm lange Röllchen formen. Restliches Olivenöl erhitzen und Hackfleischröllchen darin von allen Seiten braun braten.

4 Lorbeerblatt, Nelken und Piment aus der Brühe entfernen. Etwa zwei Drittel der Möhren mit einem Schaumlöffel aus der Suppe nehmen und beiseitestellen. Passierte Tomaten zu den Möhren in den Topf geben und zum Kochen bringen. Die Suppe pürieren und abschmecken.

5 Kichererbsen und beiseitegestellte Möhren hinzugeben, zum Kochen bringen und unter Rühren nochmals etwa 3 Minuten kochen. Die Bifteki auf Spieße stecken. Suppe in Tellern verteilen. Spieße an den Tellerrand legen.

Oldenburger Ententopf

Zubereitungszeit: 45 Minuten, ohne Einweichzeit I Garzeit: etwa 90 Minuten

6 Portionen I Pro Portion: E: 23 g, F: 18 g, Kh: 12 g, kJ: 1337, kcal: 319 I Mit Alkohol

Zutaten

100 g getrocknete, weiße Bohnen

1 Bund Suppengrün
(Möhre, Knollensellerie, Porree)

2 Zwiebeln

2 Knoblauchzehen

4 große Entenkeulen
(je etwa 300 g)

Salz

frisch gemahlener Pfeffer

2–3 EL Olivenöl

2 EL Tomatenmark

200 ml Rotwein

1 Bund Thymian

evtl. Wasser oder Hühnerbrühe

Zubereitung

1 Bohnen in kaltem Wasser über Nacht (mindestens 12 Stunden) einweichen.

2 Möhre, Sellerie und Porree putzen. Möhre und Sellerie schälen, abspülen, abtropfen lassen und in 2 cm große Würfel schneiden. Porreestange längs halbieren, gründlich waschen, abtropfen lassen und in kleine Stücke schneiden. Zwiebeln und Knoblauch abziehen und ebenfalls klein würfeln.

3 Entenkeulen unter fließendem kalten Wasser abspülen und trocken tupfen. Entenkeulen mit Salz und Pfeffer würzen.

4 Den Backofen vorheizen.
Ober-/Unterhitze: etwa 160 °C, Heißluft: etwa 140 °C

5 Olivenöl in einem breiten, feuerfesten Topf erhitzen. Die Entenkeulen darin von allen Seiten anbraten und herausnehmen. Zwiebel-, Knoblauchwürfel und das vorbereitete Suppengrün in dem verbliebenen Bratfett unter Rühren andünsten. Tomatenmark unterrühren und kurz mitdünsten lassen. Mit Rotwein ablöschen.

6 Thymian abspülen und trocken tupfen. Die Blättchen von den Stängeln zupfen. Die Bohnen mit dem Einweichwasser und die Hälfte der Thymianblättchen zu dem Gemüse in den Topf geben. Mit Salz und Pfeffer würzen. Die Entenkeulen auf das Gemüse setzen. Sie sollen in der Flüssigkeit schwimmen. Eventuell mit Wasser oder Hühnerbrühe auffüllen.

7 Den Topf mit dem Deckel verschließen und auf dem Rost in den vorgeheizten Backofen schieben.

8 Die Entenkeulen nach etwa 90 Minuten Garzeit mit einer Gabel einstechen und prüfen, ob das Fleisch weich ist. Falls nicht, die Garzeit um etwa 15 Minuten verlängern und verdampfte Flüssigkeit durch Wasser ersetzen.

9 Die garen Entenkeulen aus dem Topf nehmen und das Fleisch von den Knochen lösen. Die Haut entfernen. Das Fleisch in mundgerechte Stücke schneiden und wieder zu dem Gemüse in den Topf geben. Den Ententopf mit Salz und Pfeffer abschmecken. Restliche Thymianblättchen unterrühren.

Pikante orientalische Tomaten-Zwiebel-Suppe

Zubereitungszeit: 25 Minuten | Garzeit: etwa 10 Minuten

4 Portionen | Pro Portion: E: 39 g, F: 12 g, Kh: 66 g, kJ: 2315, kcal: 551 | Für Gäste – mit Alkohol

Zutaten

Für den Couscous:

500 ml heiße Gemüsebrühe

200 g Couscous

Für die Suppe:

2 Knoblauchzehen

300 g Gemüsezwiebeln

400 g Putenmedaillons

3 EL Olivenöl

Salz

gemahlener Pfeffer

je 1 Prise frisch gemahlener Cumin (Kreuzkümmel) und Koriander

grob geschroteter Chili

je 3 Gewürznelken und Pimentkörner

2 Lorbeerblätter

100 ml trockener Rotwein

600 ml Gemüsebrühe

400 g stückige Tomaten (aus der Dose)

125 g getrocknete Pflaumen ohne Stein

265 g abgetropfte, abgespülte Kichererbsen (aus der Dose)

Zum Garnieren:

1–2 Stängel Minze

Zubereitung

1 Für den Couscous Gemüsebrühe in einem Topf zum Kochen bringen. Couscous einstreuen und auf der ausgeschalteten Kochstelle zugedeckt etwa 10 Minuten quellen lassen.

2 Für die Suppe Knoblauch und Zwiebeln abziehen. Knoblauch fein würfeln, Zwiebeln in Scheiben schneiden, dann in Ringe teilen. Putenmedaillons kurz abspülen und gut trocken tupfen.

3 Olivenöl in einem Topf erhitzen. Putenmedaillons darin von beiden Seiten anbraten, herausnehmen und zugedeckt warm stellen.

4 Knoblauchwürfel und Zwiebelringe im verbliebenen Bratfett andünsten. Mit Salz, Pfeffer, Cumin, Koriander und Chili würzen. Gewürznelken, Pimentkörner und Lorbeerblätter hinzugeben. Rotwein hinzugießen und bei starker Hitze etwas einkochen lassen.

5 Gemüsebrühe und Tomaten hinzugeben. Die Zutaten wieder zum Kochen bringen und bei schwacher Hitze etwa 10 Minuten kochen lassen.

6 In der Zwischenzeit die Pflaumen in feine Würfel schneiden. Kichererbsen, Pflaumenwürfel und Putenmedaillons in die Suppe geben. Weitere etwa 5 Minuten kochen lassen. Suppe mit Salz und Pfeffer abschmecken.

7 Couscous in tiefen Tellern verteilen. Suppe daraufgeben und mit abgespülter und trocken getupfter Minze garnieren.

Schwedische Kartoffel-Köttbullar-Suppe

Zubereitungszeit: 25 Minuten | Garzeit: etwa 12 Minuten

4 Portionen | Pro Portion: E: 20 g, F: 32 g, Kh: 37 g, kJ: 2176, kcal: 523 | Beliebt bei Kindern – gut vorzubereiten

Zutaten

Für die Suppe:

1 Zwiebel

700 g mehligkochende Kartoffeln

2 EL Speiseöl, z. B. Rapsöl

125 g TK-Suppengemüse

125 g TK-Erbsen

1 Lorbeerblatt

1 l heiße Gemüsebrühe

Salz

gemahlener Pfeffer

geriebene Muskatnuss

1 EL gehackter Dill (frisch oder TK)

1 EL Butter oder Margarine

350 g gebratene Fleischklößchen (aus dem Kühlregal – ersatzweise 3 feine, frische Bratwürste, etwa 300 g)

200 g Porree (Lauch)

175 g Doppelrahm-Frischkäse

Zum Garnieren:

1 EL gehackter Dill (frisch oder TK)

Zubereitung

1 Für die Suppe Zwiebel abziehen und fein würfeln. Kartoffeln schälen, abspülen, abtropfen lassen und in 1 cm große Würfel schneiden.

2 Speiseöl in einem großen Topf erhitzen. Gefrorenes Suppengemüse und Zwiebelwürfel darin unter Wenden anbraten. Kartoffelwürfel, gefrorene Erbsen und Lorbeerblatt hinzugeben und kurz mit andünsten. Gemüsebrühe hinzugießen und zum Kochen bringen. Mit Salz, Pfeffer und Muskat würzen. Dill hinzugeben. Die Zutaten zugedeckt bei mittlerer Hitze etwa 12 Minuten kochen lassen.

3 In der Zwischenzeit Butter oder Margarine in einer Pfanne zerlassen. Fleischklößchen darin anbraten (bei Verwendung von TK-Klößchen auf die Herstellerangabe achten; Bratwurstbrät in kleinen Klößchen direkt aus der Haut drücken, etwa 3 Minuten braten).

4 Porree putzen, die Stange längs halbieren, gründlich waschen und abtropfen lassen. Porree in feine Scheiben schneiden und zu den Fleischklößchen in die Pfanne geben. Die Zutaten weitere etwa 4 Minuten braten. Mit Salz, Pfeffer und Muskat würzen.

5 Lorbeerblatt entfernen. Kartoffeln in der Suppe mit einem Kartoffelstampfer zerdrücken, sodass noch kleine Stückchen erkennbar sind. Anschließend den Frischkäse unterrühren. Die Cremesuppe mit Salz, Pfeffer und Muskat abschmecken und in tiefen Tellern oder Suppentassen verteilen. Köttbullar-Porree-Mischung mit einem Löffel hineingeben. Mit gehacktem Dill garnieren.

Tipp

Möchten Sie die Köttbullar selbst zubereiten, können Sie gewürztes Mett mit angefeuchteten Händen zu kleinen Klößchen formen und wie beschrieben braten. Haben Sie Zeit, bereiten Sie davon eine größere Menge zu und frieren Sie sie portionsweise ein. So haben Sie eine schnelle Reserve für das nächste Mal.

Hackfleisch-Tandoori-Suppe

Zubereitungszeit: 25 Minuten | Garzeit: etwa 15 Minuten

4 Portionen | Pro Portion: E: 21 g, F: 32 g, Kh: 15 g, kJ: 1793, kcal: 429 | Genau das Richtige für kalte Tage

Zutaten

Für die Suppe:

1 EL Olivenöl

300 g Rindergehacktes

1 Knoblauchzehe

1 TL Tomatenmark

Salz

gemahlener Pfeffer

1–2 TL Tandoori-Gewürz (Pulver oder Paste aus dem Glas)

800 ml heiße Gemüsebrühe

500 g vorbereitetes Kürbisfruchtfleisch (z. B. Butternut, gelber Zentner oder Hokkaido)

250 g TK-Blumenkohlröschen

1 Bund Frühlingszwiebeln

200 g Schlagsahne

4 TL Crème fraîche

Zubereitung

1 Für die Suppe Olivenöl in einem Topf erhitzen. Hackfleisch hinzugeben und unter Rühren anbraten, dabei die Fleischklümpchen mit einer Gabel zerdrücken.

2 Knoblauch abziehen, in kleine Würfel schneiden und hinzugeben. Tomatenmark unterrühren und mit anbraten. Die Hackfleischmasse mit Salz, Pfeffer und Tandoori-Gewürz würzen. Brühe hinzugießen und zum Kochen bringen.

3 Kürbisfruchtfleisch in 1–2 cm große Würfel schneiden. Kürbiswürfel und die gefrorenen Blumenkohlröschen in die Suppe geben, wieder zum Kochen bringen. Die Zutaten bei schwacher Hitze etwa 10 Minuten kochen lassen.

4 Frühlingszwiebeln putzen, abspülen, abtropfen lassen und in Scheiben schneiden. Frühlingszwiebelscheiben und Sahne in die Suppe geben und unterrühren. Die Suppe wieder zum Kochen bringen und weitere etwa 5 Minuten kochen lassen. Mit Salz und Pfeffer abschmecken.

5 Die Hackfleisch-Tandoori-Suppe in tiefen Tellern oder Suppentassen verteilen und mit je 1 Teelöffel Crème fraîche garnieren.

Tipp

Dazu schmeckt türkisches Fladenbrot oder indische Brotfladen (Chapatis). Haben Sie Reste von gekochtem Reis, können Sie ihn gut in die Suppe geben. Die Hackfleisch-Tandoori-Suppe wird dann noch sättigender.
Statt der fertigen Tandoori-Würzmischung können Sie die Suppe auch mit Curry, Chiliflocken, Paprikapulver, Gewürznelken, Lorbeerblatt, Cumin und Piment abschmecken.
Frische Korianderblättchen geben der Suppe eine indisch-orientalische Note. Für Kinder können Sie stattdessen Petersilie verwenden.

Feiner Hähnchenfleischtopf mit Spargel

Zubereitungszeit: 35 Minuten I Garzeit: etwa 30 Minuten

4 Portionen I Pro Portion: E: 53 g, F: 12 g, Kh: 16 g, kJ: 1794, kcal: 406 I Mit Alkohol

Zutaten

2 Hähnchenbrustfilets (etwa 375 g)

2 Hähnchenkeulen (etwa 500 g, ohne Haut und Knochen)

250 g festkochende Kartoffeln

200 g Möhren

200 g Kohlrabi

1 Bund Frühlingszwiebeln

250 g weißer Spargel

2 EL Speiseöl

Salz

gemahlener Pfeffer

1 EL Tomatenmark

300 ml Hühnerbrühe

100 ml trockener Weißwein, z. B. Riesling

½ Bund Kerbel

Zubereitung

1 Hähnchenbrustfilets und Hähnchenkeulen unter fließendem kalten Wasser abspülen und trocken tupfen. Filets in kleine Stücke schneiden. Das Fleisch der Hähnchenkeulen von den Knochen lösen und in kleine Stücke schneiden.

2 Kartoffeln schälen, abspülen, abtropfen lassen. Möhren putzen, schälen, abspülen und abtropfen lassen. Kohlrabi schälen, abspülen und abtropfen lassen. Kartoffeln, Möhren und Kohlrabi zuerst in Scheiben, dann in Stifte schneiden. Frühlingszwiebeln putzen, waschen, abtropfen lassen und in 3 cm lange Stücke schneiden.

3 Den Spargel von oben nach unten schälen und darauf achten, dass die Schalen vollständig entfernt, die Köpfe aber nicht verletzt werden. Die unteren Enden abschneiden (holzige Stellen vollkommen entfernen). Spargelstangen waschen, abtropfen lassen und in etwa 3 cm lange Stücke schneiden.

4 Dann jeweils etwas Speiseöl in einem großen Topf erhitzen. Die Hähnchenfleischstücke darin portionsweise von allen Seiten anbraten. Mit Salz und Pfeffer würzen. Kartoffel-, Möhren- und Kohlrabistifte hinzugeben und mit andünsten. Tomatenmark unterrühren. Die Hälfte der Brühe hinzugießen. Die Zutaten zum Kochen bringen und zugedeckt etwa 10 Minuten garen.

5 Restliche Brühe und Wein hinzugießen, wieder zum Kochen bringen und zugedeckt weitere etwa 10 Minuten bei schwacher Hitze garen. In der Zwischenzeit Kerbel abspülen und trocken tupfen. Die Blättchen von den Stängeln zupfen.

6 Spargel- und Frühlingszwiebelstücke zum Hähnchenfleischtopf geben und mit Salz und Pfeffer würzen. Einige Kerbelblättchen unterrühren. Die Suppe wieder zum Kochen bringen und weitere etwa 10 Minuten bei schwacher Hitze garen.

7 Den Hähnchenfleischtopf mit Salz und Pfeffer abschmecken und mit den restlichen Kerbelblättchen bestreut servieren.

Tipp

Schneller geht es, wenn sie gekochte Spargelstücke aus dem Glas verwenden. Diese 3–5 Minuten in der Suppe miterwärmen.

Rosenkohl-Pfifferling-Suppe

Zubereitungszeit: 25 Minuten | Garzeit: etwa 12 Minuten

4 Portionen | Pro Portion: E: 32 g, F: 10 g, Kh: 26 g, kJ: 1353, kcal: 323 | Raffiniert

Zutaten

Für die Suppe:

1 Zwiebel

300 g festkochende Kartoffeln

300 g Putenbrust

3 EL Speiseöl, z. B. Rapsöl

250 g abgetropfte Pfifferlinge (aus der Dose)

400 g TK-Rosenkohl

Salz

gemahlener Pfeffer

geriebene Muskatnuss

1 Prise grob geschroteter Chili

1 l heiße Geflügelbrühe

80 g rote Linsen

Zum Bestreuen:

2 EL gehackte Petersilie (frisch oder TK)

Zubereitung

1 Für die Suppe Zwiebel abziehen und in etwa 1 cm große Spalten schneiden. Kartoffeln schälen, abspülen, abtropfen lassen und in etwa 1 cm große Würfel oder Spalten schneiden. Putenbrust abspülen, gut trocken tupfen und in Streifen schneiden.

2 Speiseöl in einem großen Topf erhitzen. Putenbruststreifen darin unter Wenden anbraten, herausnehmen und beiseitestellen. Die Pfifferlinge in dem verbliebenen Bratfett kräftig anbraten, herausnehmen und beiseitestellen.

3 Anschließend Zwiebelspalten und Kartoffelwürfel oder -spalten in den Topf geben und andünsten. Gefrorenen Rosenkohl hinzugeben, mit Salz, Pfeffer, Muskat und Chili würzen. Brühe hinzugießen. Die Zutaten zum Kochen bringen und zugedeckt etwa 4 Minuten bei mittlerer Hitze kochen lassen.

4 Linsen und Pfifferlinge in die Suppe geben und zugedeckt weitere etwa 8 Minuten kochen lassen. Mit Salz und Pfeffer abschmecken.

5 Putenbruststreifen kurz vor dem Servieren in die Suppe geben und darin erwärmen.

6 Die Rosenkohl-Pfifferling-Suppe mit roten Linsen in tiefen Tellern oder Suppentassen verteilen. Mit gehackter Petersilie bestreuen und heiß servieren.

Tipp

Vor dem Anrichten einen kleinen Klecks saure Sahne in die Suppe geben und mit Paprikapulver bestreut anrichten.
Möchten Sie frischen Rosenkohl verwenden, verarbeiten Sie ihn nach dem Putzen wie den gefrorenen. Zubereitungs- und Garzeit verlängern sich entsprechend. Die Suppe schmeckt auch mit Blumenkohl oder Brokkoli sehr gut. Brokkoli insgesamt etwa 5 Minuten garen. Statt der Pfifferlinge können Sie auch Mischpilze (aus dem Glas) verwenden.
Kinder lieben feine Geflügel-Würstchen in dieser Suppe.

Kartoffel-Möhren-Suppe mit Erdnusscreme

Zubereitungszeit: 20 Minuten | Garzeit: etwa 17 Minuten

4 Portionen | Pro Portion: E: 19 g, F: 12 g, Kh: 29 g, kJ: 1269, kcal: 303 | Raffiniert – für Gäste

Zutaten

Für die Suppe:

1 Zwiebel

1 Knoblauchzehe

500 g Möhren

500 g mehligkochende Kartoffeln

2 EL Speiseöl, z. B. Rapsöl

2 EL Erdnusscreme (aus dem Glas)

Salz

gemahlener Pfeffer

grob geschrotete Chiliflocken oder Cayennepfeffer

1 l heiße Gemüse- oder Geflügelbrühe

350 g Porree (Lauch)

1 Bund frischer Koriander oder 4–5 Stängel glatte Petersilie

200 g geräucherter Putenbrustaufschnitt oder gebratene Putenbruststreifen (aus dem Kühlregal)

Zubereitung

1 Für die Suppe Zwiebel und Knoblauch abziehen, grob würfeln. Möhren und Kartoffeln schälen, abspülen und abtropfen lassen. Möhren in Scheiben und Kartoffeln in etwa 2 cm große Würfel schneiden.

2 Speiseöl in einem Topf erhitzen. Zwiebel- und Knoblauchwürfel darin glasig dünsten. Möhrenscheiben hinzugeben und mit andünsten. Erdnusscreme hinzugeben und unterrühren. Mit Salz, Pfeffer und Chiliflocken oder Cayennepfeffer würzen. Heiße Brühe hinzugießen, zum Kochen bringen und bei schwacher Hitze etwa 5 Minuten kochen lassen.

3 In der Zwischenzeit Porree putzen, die Stangen längs halbieren, gründlich waschen, abtropfen lassen und in Scheiben schneiden. Kartoffelwürfel und Porreescheiben in die Suppe geben und wieder zum Kochen bringen. Die Suppe weitere etwa 12 Minuten unter gelegentlichem Umrühren kochen lassen.

4 Koriander oder Petersilie abspülen und trocken tupfen. Die Blättchen von den Stängeln zupfen. Einige Blättchen zum Garnieren beiseitelegen. Putenbrustaufschnitt in Streifen schneiden.

5 Die Suppe mit Salz und Pfeffer abschmecken. Putenbruststreifen und Koriander oder Petersilie hinzugeben. Nach Belieben etwas Erdnusscreme unterrühren.

6 Die Kartoffel-Möhren-Suppe mit Erdnusscreme in tiefen Tellern oder Suppentassen verteilen und mit den beiseitegelegten Koriander- oder Petersilienblättchen garnieren.

Tipp

Erdnusscreme und Chili geben der Suppe ein ganz besonders wohlschmeckendes Aroma. Möchten Sie die Suppe mit etwas mehr „Biss“ servieren, bestreuen Sie sie vor dem Servieren mit einigen gerösteten Erdnusskernen. Möchten Sie die Suppe ohne Erdnusscreme zubereiten, ersetzen Sie sie durch 2 Esslöffel Doppelrahm-Frischkäse.

Linsensuppe mit Rehfleisch

Zubereitungszeit: 30 Minuten I Garzeit: etwa 30 Minuten

4–6 Portionen I Pro Portion: E: 23 g, F: 5 g, Kh: 52 g, kJ: 1473, kcal: 352 I Einfach

Zutaten

1 Bund Suppengrün (Möhre, Sellerie, Porree)

1 Zwiebel

200 g Rehfleisch, z. B. aus der Keule

Salz

gemahlener Pfeffer

1–2 EL Olivenöl

250 g Pardina-Linsen

750 ml roter Traubensaft

750 ml Gemüsebrühe

1 Lorbeerblatt

2 Pimentkörner

2 Pfefferkörner

Zubereitung

1. Suppengrün putzen. Dazu Möhre und Sellerie schälen, abspülen, abtropfen lassen und in Würfel schneiden. Porreestange längs halbieren, gründlich abspülen, abtropfen lassen und in kleine Stücke schneiden. Zwiebel abziehen und in Würfel schneiden.

2. Das Rehfleisch mit Küchenpapier trocken tupfen, evtl. enthäuten und mit Salz und Pfeffer würzen.

3. Das Öl in einem Topf erhitzen und das Rehfleisch darin kurz von allen Seiten anbraten. Suppengrün und Zwiebelwürfel hinzufügen und kurz unter Rühren mit anbraten.

4. Die Linsen mit dem Saft und der Gemüsebrühe hinzugeben und unterrühren. Lorbeerblatt, Piment- und Pfefferkörner zu den Linsen geben. Das Ganze zum Kochen bringen und etwa 30 Minuten bei schwacher Hitze zugedeckt kochen.

5. Dann das gare Fleisch aus der Suppe nehmen und in kleine Würfel schneiden. Das Fleisch wieder in die Suppe geben. Die Linsensuppe mit Salz und Pfeffer abschmecken. Das Lorbeerblatt entfernen und die Suppe servieren.

Tipp

Zum Servieren die Suppe zusätzlich mit frischen Thymian garnieren.
Pardina-Linsen haben eine grau-braune Schale und ein gelbes Inneres. Sie sind 4–5 mm groß. Pardina-Linsen müssen nicht eingeweicht werden, die Kochzeit beträgt 30 Minuten.

Feine Maultaschen-Suppe

Zubereitungszeit: 20 Minuten | Garzeit: etwa 13 Minuten

4 Portionen | Pro Portion: E: 12 g, F: 15 g, Kh: 34 g, kJ: 1344, kcal: 319 | Für Gäste

Zutaten

Für die Suppe:

3 mittelgroße Tomaten

3–4 Stängel frischer Thymian

400 ml Fischfond (aus dem Glas)

200 g Porree (Lauch)

20 g Butter oder Margarine

1 Lorbeerblatt

600 ml heiße Gemüsebrühe

gemahlener Pfeffer

Salz

Für die Einlage:

4–8 Maultaschen
(aus dem Kühlregal, z. B. mit
Lachs- oder Fleischfüllung;
300 – 600 g)

3 EL Schnittlauchröllchen

Zubereitung

1 Für die Suppe Tomaten kreuzweise einschneiden, mit kochendem Wasser übergießen. Nach 1–2 Minuten herausnehmen und mit kaltem Wasser abschrecken. Tomaten enthäuten und die Stängelansätze herausschneiden. Tomaten vierteln und entkernen. Tomatenkerne und -flüssigkeit auffangen, beiseitestellen. Die Tomatenviertel in Würfel schneiden und ebenfalls beiseitestellen. Thymian abspülen und trocken tupfen.

2 Tomatenkerne und -flüssigkeit, 2 Stängel Thymian und Fischfond in einen Topf geben. Die Zutaten zum Kochen bringen und etwa 5 Minuten bei schwacher Hitze ziehen lassen.

3 In der Zwischenzeit den Porree putzen, die Stange längs halbieren, gründlich waschen und abtropfen lassen. Porreestangen in etwa ½ cm große Scheiben schneiden.

4 Butter oder Margarine in einem Topf zerlassen. Porreescheiben, restlichen Thymian und Lorbeerblatt hinzugeben, andünsten. Tomaten-Fischfond durch ein Sieb hinzugießen. Brühe ebenfalls hinzugießen und aufkochen. Mit Pfeffer würzen.

5 Für die Einlage Maultaschen in die Suppe geben und bei schwacher Hitze etwa 8 Minuten ziehen lassen. Die Suppe darf nicht mehr kochen.

6 Beiseitegestellte Tomatenwürfel in die Suppe geben und kurz miterhitzen. Die Suppe mit Salz und Pfeffer abschmecken.

7 Maultaschen-Suppe in tiefe Teller geben und mit Schnittlauchröllchen bestreut servieren.

Tipp

Statt Porree können Sie auch 1 Bund Frühlingszwiebeln verwenden.
Wenn Sie Maultaschen mit fleischhaltiger Füllung bevorzugen, verwenden Sie statt des Fischfonds Geflügel- oder Gemüsefond.

Grünkohleintopf

Zubereitungszeit: 20 Minuten | Garzeit: etwa 65 Minuten | Foto

4 Portionen | Pro Portion: E: 26 g, F: 42 g, Kh: 23 g, kJ: 2408, kcal: 579 | Gut vorzubereiten

500 g Grünkohl, gestrippt
2 Zwiebeln
4 EL Olivenöl
60 g Räucherschinkenwürfel
1 l Fleischbrühe
1 EL mittelscharfer Senf
6 Pimentkörner
Salz
gemahlener Pfeffer
500 g Kartoffeln
200 g Möhren
4 Räuchermettwürstchen

1 Grünkohl gründlich waschen, in kochendem Wasser etwa 2 Minuten blanchieren, abgießen und mit kaltem Wasser abschrecken, abtropfen lassen und fein zerhacken.

2 Zwiebeln abziehen und in kleine Würfel schneiden. Öl in einem Topf erhitzen und Zwiebelwürfel darin anschwitzen, Schinkenwürfel zugeben, anbraten und mit Fleischbrühe auffüllen. Grünkohl zugeben und aufkochen lassen.

3 Mit Senf, Piment, Salz und Pfeffer würzen und etwa 30 Minuten köcheln lassen. Inzwischen Kartoffeln schälen, waschen und in kleine Würfel schneiden. Möhren putzen, schälen, waschen, abtropfen lassen und in Scheiben schneiden. Kartoffelwürfel und Möhrenscheiben zum Grünkohl geben, mit Salz und Pfeffer würzen und weitere 30 Minuten köcheln.

4 Mettwürstchen in Scheiben schneiden, 5 Minuten mit erhitzen, nochmals abschmecken und servieren.

Steckrübeneintopf

Zubereitungszeit: 30 Minuten | Garzeit: etwa 50 Minuten

4 Portionen | Pro Portion: E: 26 g, F: 13 g, Kh: 25 g, kJ: 1390, kcal: 332 | Preiswert – klassisch

500 g Kasseler (ohne Knochen)
2 Zwiebeln
1 EL Speiseöl
Salz
gemahlener Pfeffer
500 ml Gemüsebrühe
750 g Steckrüben
500 g vorwiegend festkochende Kartoffeln
1 EL gehackte Petersilie

1 Kasseler mit Küchenpapier trocken tupfen und in kleine Würfel schneiden. Zwiebeln abziehen und ebenfalls klein würfeln.

2 Speiseöl in einem Topf erhitzen. Fleischwürfel darin von allen Seiten hellbraun anbraten. Zwiebelwürfel hinzufügen und kurz mitdünsten lassen. Mit Salz und Pfeffer würzen. Etwa die Hälfte der Gemüsebrühe hinzugießen und zum Kochen bringen. Die Fleischwürfel zugedeckt etwa 30 Minuten bei mittlerer Hitze garen.

3 In der Zwischenzeit Steckrüben und Kartoffeln schälen, abspülen, abtropfen lassen und in Stifte schneiden. Steckrüben-, Kartoffelstifte und die restliche Brühe zu den Fleischwürfeln in den Topf geben. Mit Salz und Pfeffer würzen. Den Eintopf wieder zum Kochen bringen und zugedeckt weitere etwa 20 Minuten garen.

4 Den Eintopf nochmals mit den Gewürzen abschmecken und mit Petersilie bestreut servieren.

Frühlingssuppe mit Huhn

Zubereitungszeit: 45 Minuten, ohne Abkühlzeit | Garzeit: etwa 1 Stunde 45 Minuten

6 Portionen | Pro Portion: E: 66 g, F: 34 g, Kh: 18 g, kJ: 2815, kcal: 674 | Für Gäste

Zutaten

1 küchenfertiges Suppenhuhn (mind. 2 kg)

Salz

2 Bund Möhren

je 500 g weißer und grüner Spargel

1 Bund Frühlingszwiebeln

1 Kohlrabi

250 g frische, gepulte Erbsen

2 feine Bratwürste (je etwa 100 g)

1 Bund Kerbel

gemahlener Pfeffer

Zubereitung

1 Das Suppenhuhn innen und außen unter fließendem kalten Wasser abspülen, abtropfen lassen und in einen hohen Topf geben. So viel kaltes Wasser hinzugießen, dass das Huhn ganz bedeckt ist. Mit Salz würzen, zum Kochen bringen und evtl. abschäumen. Dann das Suppenhuhn zugedeckt etwa 90 Minuten garen.

2 In der Zwischenzeit Möhren putzen, schälen, abspülen, abtropfen lassen und längs halbieren. Den weißen Spargel von oben nach unten schälen. Darauf achten, dass die Schalen vollständig entfernt, die Köpfe aber nicht verletzt werden. Die unteren Enden abschneiden (die holzigen Stellen vollkommen entfernen). Spargelstangen in etwa 3 cm lange Stücke schneiden. Das untere Drittel des grünen Spargels schälen und die unteren Enden abschneiden. Die Spargelstangen ebenfalls in etwa 3 cm lange Stücke schneiden.

3 Frühlingszwiebeln putzen, waschen, abtropfen lassen und schräg in 3 cm lange Stück schneiden. Kohlrabi putzen, schälen, abspülen und abtropfen lassen. Kohlrabi zuerst in Scheiben, dann in etwa 1 cm große Würfel schneiden. Erbsen abspülen und abtropfen lassen.

4 Das gare Suppenhuhn aus der Brühe nehmen (vorher prüfen, ob das Huhn gar ist) und etwas abkühlen lassen. Das Fleisch von den Knochen lösen und in mundgerechte Stücke schneiden.

5 Die Brühe durch ein Sieb passieren und wieder in den Topf geben. Das vorbereitete Gemüse (bis auf den grünen Spargel und die Erbsen) hinzugeben. Die Bratwurstmasse so aus der Haut in die Brühe drücken, dass kleine Klößchen entstehen. Das Gemüse mit den Klößchen zum Kochen bringen und etwa 15 Minuten bei schwacher Hitze garen. Die grünen Spargelstücke und Erbsen etwa 5 Minuten vor Ende der Garzeit in die Suppe geben und mitgaren lassen.

6 Das Hühnerfleisch in die Suppe geben und erhitzen. Kerbel abspülen und trocken tupfen. Die Blättchen von den Stängeln zupfen und klein schneiden. Die Frühlingssuppe mit Salz und Pfeffer abschmecken und mit Kerbel bestreut servieren.

Erbseneintopf mit Mettwürstchen

Zubereitungszeit: 40 Minuten, ohne Einweichzeit | Garzeit: etwa 90 Minuten

4 Portionen | Pro Portion: E: 35 g, F: 33 g, Kh: 26 g, kJ: 2292, kcal: 548 | Klassisch

Zutaten

375 g ungeschälte Erbsen
1 ½ l Wasser

150 g Schinkenschwarte
oder 250 g Schweinebauch
1 Bund Suppengrün
(Möhre, Knollensellerie, Porree)
Salz
gemahlener Pfeffer
gerebelter Liebstöckel
375 g Kartoffeln
Salzwasser
4 geräucherte Mettwürstchen

Zubereitung

1 Erbsen waschen und abtropfen lassen. Erbsen in kaltem Wasser über Nacht einweichen lassen.

2 Schinkenschwarte oder Schweinebauch unter fließendem kalten Wasser abspülen und trocken tupfen. Die eingeweichten Erbsen mit dem Einweichwasser und der Schinkenschwarte oder dem Schweinebauch in einem Topf zum Kochen bringen und zugedeckt etwa 60 Minuten bei schwacher Hitze kochen lassen.

3 Möhre und Sellerie putzen, schälen, abspülen, abtropfen lassen und in Würfel schneiden. Porree putzen, die Stange längs halbieren, gründlich waschen, abtropfen lassen und in Stücke schneiden. Möhren-, Selleriewürfel und Porreestücke nach etwa 60 Minuten Garzeit zu dem Fleisch und den Erbsen in den Topf geben. Mit Salz, Pfeffer und Liebstöckel würzen. Die Zutaten zum Kochen bringen. Den Eintopf zugedeckt weitere etwa 30 Minuten garen.

4 In der Zwischenzeit Kartoffeln schälen, abspülen, abtropfen lassen und in Würfel schneiden. Salzwasser in einem Topf zum Kochen bringen und Kartoffelwürfel darin etwa 20 Minuten gar kochen. Dann abgießen, abdämpfen und etwas zerstampfen.

5 Schinkenschwarte oder Schweinebauch aus dem Eintopf nehmen. Die zerstampften Kartoffeln in den Eintopf geben und unterrühren.

6 Schinkenschwarte oder Schweinebauch in Stücke schneiden, mit den Mettwürstchen wieder in den Eintopf geben und erhitzen. Den Eintopf nochmals mit den Gewürzen abschmecken.

Tipp

Eintöpfe eignen sich gut zum Einfrieren, wenn sie eingefroren werden, bevor die Kartoffeln hinzukommen. Empfehlenswert ist es, den Eintopf portioniert einzufrieren und vor dem Erhitzen ganz aufzutauen, damit ein weiteres Garen und Zerkochen der Zutaten vermieden wird. Beim Erhitzen eventuell etwas Brühe oder Wasser hinzufügen. Auf diese Weise können auch Linsen- oder Weiße-Bohnen-Eintöpfe zubereitet werden.

Graupensuppe

Zubereitungszeit: 35 Minuten | Garzeit: 2 Stunden 20 Minuten | Foto

4 Portionen | Pro Portion: E: 40 g, F: 13 g, Kh: 38 g, kJ: 1816, kcal: 434 | Für kalte Tage

800 g Hohe Rippe
1 l kaltes Wasser
125 g Perlgraupen
1 l kaltes Wasser
1 Stange Porree (Lauch)
500 g Kartoffeln
Salz
gemahlener Pfeffer
2 EL gehackte, glatte Petersilie

1 Hohe Rippe mit Küchenpapier trocken tupfen und mit dem Wasser in einen Topf geben, zum Kochen bringen und etwa 1 ½ Stunden kochen lassen. Das Fleisch herausnehmen und etwa abkühlen lassen. Die Brühe mit Wasser auf 1 Liter auffüllen und beiseitestellen.

2 Perlgraupen mit 1 l kaltem Wasser zum Kochen bringen, einmal aufkochen lassen, auf ein Sieb geben und abtropfen lassen. Die Perlgraupen in die Brühe geben und etwa 30 Minuten garen lassen.

3 Porree putzen, die Stange längs halbieren, gründlich waschen, abtropfen lassen und in Streifen schneiden. Porree zu den Perlgraupen geben und etwa 10 Minuten mitgaren. Kartoffeln schälen, abspülen und in Würfel schneiden. Kartoffelwürfel in die Suppe geben und weitere 5–10 Minuten garen lassen.

4 Das Fleisch von den Knochen lösen, in kleine Würfel schneiden und in den Eintopf geben. Die Suppe nochmals erhitzen, mit Salz und Pfeffer abschmecken und mit Petersilie garnieren.

Fadennudelsuppe

Zubereitungszeit: 25 Minuten | Garzeit: etwa 5 Minuten

4–6 Portionen | Pro Portion: E: 14 g, F: 3 g, Kh: 19 g, kJ: 657, kcal: 156 | Schmeckt auch Kindern – fettarm

Für die Suppe:
300 g Möhren
1 Kohlrabi
1 ½ l heiße Gemüsebrühe
75 g TK-Suppengrün
100 g Fadennudeln
200 g Kochschinken, in Scheiben
1 Bund Schnittlauch
Salz
gemahlener Pfeffer
geriebene Muskatnuss

1 Für die Suppe Möhren und Kohlrabi putzen, schälen, abspülen, abtropfen lassen und auf der groben Seite der Haushaltsreibe raspeln.

2 Die Gemüsebrühe in einen Topf geben, gefrorenes Suppengrün und Gemüseraspel hinzufügen und zum Kochen bringen. Fadennudeln hinzugeben und die Suppe etwa 5 Minuten bei schwacher Hitze kochen lassen.

3 In der Zwischenzeit den Schinken in Streifen schneiden. Schnittlauch abspülen, trocken tupfen und in Röllchen schneiden.

4 Schinkenstreifen in die Suppe geben und erhitzen. Die Suppe mit Salz, Pfeffer und Muskat abschmecken.

5 Die Fadennudelsuppe in tiefen Tellern oder Suppentassen verteilen und mit Schnittlauchröllchen bestreut servieren.

Bohnentopf mit Tafelspitz

Zubereitungszeit: 45 Minuten I Garzeit: etwa 75 Minuten

6 Portionen I Pro Portion: E: 42 g, F: 9 g, Kh: 27 g, kJ: 1572, kcal: 375 I Etwas aufwändiger

Zutaten

- 1 kg Tafelspitz
- Salz
- gemahlener Pfeffer
- 4 Schalotten
- 2 EL Butter
- 200 g Schneidebohnen
- 300 g grüne Bohnen (Brechbohnen)
- 1 kg festkochende Kartoffeln, z. B. Linda
- 1 Bund Bohnenkraut
- 200 g gepulte, dicke Bohnenkerne (ohne weiße Haut)

Zubereitung

1 Tafelspitz von Fett und Sehnen befreien. Das Fleisch mit Küchenpapier trocken tupfen und in etwa 2 cm große Würfel schneiden. Mit Salz und Pfeffer würzen. Schalotten abziehen, zuerst in Scheiben schneiden, dann in Ringe teilen.

2 Butter in einem großen Topf zerlassen. Schalottenringe darin andünsten. Fleischwürfel hinzugeben und von allen Seiten leicht anbraten. So viel kaltes Wasser hinzugießen, dass die Fleischwürfel bedeckt sind. Das Wasser zum Kochen bringen und abschäumen. Die Fleischwürfel zugedeckt etwa 45 Minuten bei schwacher Hitze kochen lassen.

3 In der Zwischenzeit von den Schneidebohnen die Enden abschneiden. Die Schneidebohnen abfädeln, waschen, abtropfen lassen und schräg in 3 cm lange Stücke schneiden. Von den grünen Bohnen ebenfalls die Enden abschneiden. Bohnen evtl. abfädeln, waschen, abtropfen lassen und halbieren. Die Kartoffeln schälen, abspülen, abtropfen lassen und in kleine Würfel schneiden.

4 Nach etwa 45 Minuten Garzeit Schneidebohnen, grüne Bohnen und Kartoffelwürfel zu den Fleischwürfeln in den Topf geben. Wieder so viel heißes Wasser hinzugießen, dass die Zutaten bedeckt sind. Mit Salz würzen.

5 Bohnenkraut abspülen und trocken tupfen. 3 Stängel von dem Bohnenkraut in den Eintopf geben. Den Eintopf wieder zum Kochen bringen und zugedeckt weitere etwa 30 Minuten bei schwacher Hitze kochen lassen.

6 Kurz vor Ende der Garzeit die Bohnenkerne hinzufügen und miterhitzen. Bohnenkrautzweige entfernen. Den Eintopf mit Salz und Pfeffer abschmecken. Restliches Bohnenkraut in kleine Stücke zupfen und in den Eintopf geben.

Tipp

Tafelspitz ist das zartfaserige, magere und spitz zulaufende Schwanzstück vom Rind und wird gerne für Suppen und Eintöpfe verwendet.

Gemüseeintopf aus Vierlanden

Zubereitungszeit: 60 Minuten | Garzeit: etwa 2 Stunden

6 Portionen | Pro Portion: E: 58 g, F: 20 g, Kh: 38 g, kJ: 2356, kcal: 562 | Etwas teurer – für Gäste

Zutaten

1 kg Kalbsbrust
100 g Kalbsknochen
Salz
grob zerdrückte Pfefferkörner
1 Lorbeerblatt
1 Bund Möhren
1 Bund gelbe Möhren
1 kg weißer Spargel

Für die Hackbällchen:
500 g Kalbsgehacktes
gemahlener Pfeffer
1 Ei (Größe M)
1 TL mittelscharfer Senf
1 Bund Schnittlauch

Für die Nudeln:
2 ½ l Wasser
2 ½ gestr. TL Salz
250 g kleine Muschelnudeln

1 Bund Petersilie

Zubereitung

1 Kalbsbrust und -knochen unter fließendem kalten Wasser abspülen, abtropfen lassen und in einen hohen Topf geben. So viel kaltes Wasser hinzugießen, dass das Fleisch gut bedeckt ist. Zum Kochen bringen und evtl. abschäumen. Salz, Pfefferkörner und Lorbeerblatt hinzugeben. Dann die Kalbsbrust und -knochen ohne Deckel etwa 90 Minuten bei schwacher Hitze leicht kochen lassen.

2 In der Zwischenzeit Möhren putzen, schälen, abspülen, abtropfen lassen und in Scheiben schneiden. Den Spargel von oben nach unten schälen. Darauf achten, dass die Schalen vollständig entfernt, die Köpfe aber nicht verletzt werden. Die unteren Enden abschneiden (die holzigen Stellen vollkommen entfernen). Spargelstangen in etwa 3 cm lange Stücke schneiden.

3 Das Kalbsgehackte in eine Schüssel geben. Salz, Pfeffer, Ei und Senf hinzugeben und gut unterkneten. Schnittlauch abspülen, trocken tupfen und in feine Ringe schneiden. Schnittlauchröllchen unter die Hackfleischmasse arbeiten. Aus der Hackfleischmasse mit angefeuchteten Händen kleine Bällchen formen.

4 Wasser in einem Topf zum Kochen bringen. Salz und Nudeln hinzugeben und die Nudeln nach Packungsanleitung kochen. Dabei zwischendurch 4–5-mal umrühren. Die garen Nudeln auf ein Sieb geben und abtropfen lassen.

5 Petersilie abspülen und trocken tupfen. Die Blättchen von den Stängeln zupfen und klein schneiden.

6 Nach etwa 90 Minuten Garzeit prüfen (durch Einstechen mit einem Holzspieß), ob das Fleisch weich ist. Falls nicht, die Garzeit um etwa 30 Minuten verlängern. Das gare Fleisch aus der Brühe nehmen, in Scheiben schneiden und warm stellen.

7 Die Brühe durch ein Sieb passieren und wieder in den Topf geben. Die Hackbällchen in die Brühe geben und etwa 10 Minuten ziehen lassen.

8 Möhrenscheiben und Spargelstücke hinzugeben und evtl. etwas Wasser hinzugießen. Den Eintopf wieder zum Kochen bringen und ohne Deckel weitere etwa 20 Minuten bei schwacher bis mittlerer Hitze kochen lassen. Den Eintopf mit Salz und Pfeffer abschmecken.

9 Die Muschelnudeln und Petersilie unter den Eintopf rühren und kurz erwärmen. Warm gestelltes Fleisch in den Eintopf legen oder dazureichen.

Beilage: Krustenbrot, mit Butter bestrichen und mit Schnittlauchröllchen bestreut.

Eintopf von der Kalbshaxe

Zubereitungszeit: 45 Minuten I Garzeit: etwa 2 Stunden 10 Minuten

4 Portionen I Pro Portion: E: 39 g, F: 10 g, Kh: 24 g, kJ: 1455, kcal: 347 I Etwas aufwändiger

Zutaten

1 Kalbshaxe (etwa 1 kg)
1 Gemüsezwiebel
Salz
1 EL weiße Pfefferkörner
2 Lorbeerblätter
1 TL Wacholderbeeren
250 g Möhren
½ Knollensellerie
500 g Kartoffeln
1 Kohlrabi
1 Stange Porree (Lauch)
gemahlener Pfeffer
geriebene Muskatnuss
2 kleine Bunde Rucola (Rauke)
1 Bio-Zitrone

Zubereitung

1. Die Kalbshaxe von den dicken äußeren Sehnen befreien. Haxe unter fließendem kalten Wasser abspülen, abtropfen lassen und in einen großen Topf geben. So viel Wasser hinzugießen, dass die Haxe gerade bedeckt ist. Zum Kochen bringen und evtl. abschäumen.

2. In der Zwischenzeit Zwiebel abziehen und halbieren. Zwiebelhälften in einer Pfanne ohne Fett auf der Schnittfläche fast schwarz rösten (damit die Brühe eine kräftige Farbe bekommt). Zwiebelhälften aus der Pfanne nehmen, mit Salz, Pfefferkörnern, Lorbeerblättern und Wacholderbeeren zur Haxe in den Topf geben und wieder zum Kochen bringen. Dann die Haxe ohne Deckel etwa 2 Stunden bei schwacher Hitze kochen lassen.

3. In der Zwischenzeit Möhren putzen, schälen, abspülen, abtropfen lassen und quer halbieren. Sellerie schälen, abspülen, abtropfen lassen und halbieren. Nach etwa 60 Minuten Garzeit der Haxe die Möhren- und Selleriestücke hinzufügen.

4. Die gare Kalbshaxe aus der Brühe nehmen und abkühlen lassen (die Kalbshaxe ist gar, wenn sich das Fleisch leicht vom Knochen lösen lässt). Möhren- und Selleriestücke mit einer Schaumkelle herausnehmen und abkühlen lassen. Die Brühe durch ein Sieb in einen anderen Topf gießen.

5. Kartoffeln schälen, abspülen und abtropfen lassen. Kohlrabi schälen, abspülen und abtropfen lassen. Kartoffeln und Kohlrabi in gleich große Würfel schneiden. Porreestange längs halbieren, gründlich waschen, abtropfen lassen und in Streifen schneiden. Zuerst die Kartoffelwürfel in die Brühe geben, zum Kochen bringen und etwa 5 Minuten garen. Dann Kohlrabiwürfel und Porreestreifen hinzufügen und weitere etwa 5 Minuten garen.

6. Das Fleisch vom Knochen lösen und in Würfel schneiden. Möhren und Sellerie ebenfalls klein würfeln. Wenn die Kartoffel- und Kohlrabiwürfel gar sind, Fleisch-, Möhren- und Selleriewürfel dazugeben. Mit Salz, Pfeffer und Muskat kräftig abschmecken.

7. Rucola putzen, waschen und trocken tupfen. Die langen Stielenden entfernen. Rucolablätter in mundgerechte Stücke teilen. Zitrone heiß abspülen, abtrocknen und die Schale abreiben.

8. Rucola und Zitronenschale in Tellern verteilen. Den Eintopf daraufgeben und sofort servieren.

Linsensuppe

Zubereitungszeit: 30 Minuten I Garzeit: 80–90 Minuten

4 Portionen I Pro Portion: E: 25 g, F: 16 g, Kh: 38 g, kJ: 1689, kcal: 406 I Einfach

Zutaten

250 g getrocknete Linsen

1 l Fleisch- oder Gemüsebrühe

250 g Kartoffeln

1 Bund Suppengrün (Knollensellerie, Möhre, Porree)

1 mittelgroße Zwiebel

½ TL Salz

gemahlener Pfeffer

2 Mettenden (Rauchenden)

etwas Weißweinessig

1 Prise Zucker

2 EL gehackte Petersilie

Zubereitung

1 Linsen abspülen, abtropfen lassen, mit Brühe in einem Topf zum Kochen bringen und zugedeckt etwa 60 Minuten bei schwacher Hitze kochen lassen, dabei gelegentlich umrühren.

2 In der Zwischenzeit Kartoffeln schälen, abspülen, abtropfen lassen und in Würfel schneiden. Sellerie und Möhre putzen, schälen, abspülen, abtropfen lassen und in kleine Würfel schneiden.

3 Porree putzen, die Stange längs halbieren, gründlich waschen, abtropfen lassen und in Streifen schneiden. Zwiebel abziehen, halbieren und klein würfeln.

4 Kartoffelwürfel, vorbereitetes Suppengrün und Zwiebelwürfel zu den Linsen in den Topf geben. Mit Salz und Pfeffer würzen. Die Zutaten zum Kochen bringen und zugedeckt 20–30 Minuten kochen lassen, dabei gelegentlich umrühren.

5 Die Mettenden in Scheiben schneiden, in den Eintopf geben und etwa 1 Minute mitkochen lassen.

6 Den Eintopf mit Essig und Zucker abschmecken. Mit Petersilie bestreut servieren.

Tipp

Braten Sie zuerst etwa 150 g geräucherten, gewürfelten Speck in dem Topf an und geben dann die Linsen hinzu. Lassen Sie 1 Teelöffel gehackten Kümmelsamen mitkochen.
Noch herzhafter wird der Linseneintopf, wenn Sie 500 g geräucherte Schweinerippe mitkochen. Dann die Speckwürfel weglassen.
Linsen garen schneller, wenn sie über Nacht in kaltem Wasser eingeweicht (30–40 Minuten Garzeit) oder im Schnellkochtopf zubereitet werden (20 Minuten Garzeit). Aufgewärmt schmeckt die Suppe besonders gut.

Würzige Möhrensuppe

Zubereitungszeit: 30 Minuten | Garzeit: etwa 15 Minuten

4 Portionen | Pro Portion: E: 10 g, F: 24 g, Kh: 24 g, kJ: 1502, kcal: 359 | Für Gäste

Zutaten

Für die Suppe:

1 Zwiebel
1 rote Chilischote
600 g Möhren
1 kleine Stange Porree (Lauch)
3 EL Olivenöl
400 ml Gemüsebrühe
400 ml Möhrensaft
1 Stängel Zitronenthymian
Salz
100 g Schlagsahne
1 EL Zitronensaft
gemahlener Pfeffer
1 TL Butter

Für die Croûtons:

1 Baguettebrötchen (etwa 100 g)
25 g Butter
4 Scheiben Bacon (Frühstücksspeck, etwa 100 g)

Zum Garnieren:

Thymianblättchen und Estragonstängel

Zubereitung

1 Für die Suppe die Zwiebel abziehen und in kleine Würfel schneiden. Chilischote längs halbieren, entstielen und entkernen. Schotenhälften abspülen, trocken tupfen und klein schneiden. Möhren putzen, schälen, abspülen, abtropfen lassen und in 1 cm große Würfel schneiden. Porree putzen. Die Stange längs halbieren, gründlich waschen, abtropfen lassen und in dünne Streifen schneiden.

2 Olivenöl in einem großen Topf erhitzen und Zwiebelwürfel, Chili, Möhrenwürfel und Porreestreifen darin gut andünsten. Brühe und Möhrensaft hinzugießen. Thymian abspülen, trocken tupfen und hinzufügen. Mit Salz würzen. Die Zutaten zum Kochen bringen und zugedeckt etwa 15 Minuten bei schwacher Hitze köcheln lassen.

3 Thymianstängel aus der Suppe nehmen. Die Suppe mit einem Stabmixer grob pürieren. Sahne und Zitronensaft hinzufügen und unter Rühren kurz aufkochen lassen. Die Suppe mit Salz und Pfeffer abschmecken. Butter kurz unterrühren.

4 Für die Croûtons Baguettebrötchen in etwa 1 cm kleine Würfel schneiden. Butter in einer Pfanne zerlassen. Brötchenwürfel hinzugeben und bei schwacher Hitze unter Rühren goldbraun rösten. Brötchenwürfel herausnehmen und auf einen Teller legen. Die Frühstücksspeckscheiben in breite Streifen schneiden und in der erhitzten Pfanne ohne Fett goldbraun braten. Frühstücksspeckstreifen herausnehmen.

5 Die Suppe in Tellern verteilen. Mit den Croûtons und Frühstücksspeckstreifen servieren. Die Suppe mit abgespülten, trocken getupften Thymianblättchen und Estragonstängeln garnieren.

Tipp

Croûtons passen besonders gut zu Cremesuppen. Sie können auch auf Salate gestreut werden. Sie können Croûtons auch auf Vorrat zubereiten. Die erkalteten Brotwürfel dann in einer gut schließenden Dose maximal 1 Woche aufbewahren.

Griechische Kartoffelcremesuppe

Zubereitungszeit: 20 Minuten | Garzeit: etwa 12 Minuten

4 Portionen | Pro Portion: E: 32 g, F: 30 g, Kh: 36 g, kJ: 2301, kcal: 549 | Preiswert – zum Sattessen

Zutaten

Für die Klößchen:

2 Knoblauchzehen

400 g Gehacktes (halb Rind-, halb Schweinefleisch)

1 Ei (Größe M)

3 EL Semmelbrösel

Salz

gemahlener Pfeffer

1 Prise gemahlener Zimt

1 Prise gemahlener Kreuzkümmel (Cumin)

1 EL Olivenöl

Für die Suppe:

250 g Gemüsezwiebeln

700 g mehligkochende Kartoffeln

1 Lorbeerblatt

1 l heiße Gemüsebrühe

3–4 EL Zitronensaft

100 g Cocktailtomaten

125 g milder Fetakäse

4 EL schwarze Oliven in Ringen (aus dem Glas)

½ Bund Basilikum

2 Stängel frische Minze

Zubereitung

1 Für die Klößchen Knoblauch abziehen. 1 Zehe durch eine Knoblauchpresse in eine Schüssel drücken. Gehacktes, Ei, Semmelbrösel, Salz, Pfeffer, Zimt und Kreuzkümmel hinzufügen. Die Zutaten gut verkneten. Aus der Masse mit angefeuchteten Händen kleine Klößchen formen. Olivenöl in einem Topf erhitzen, Klößchen darin von allen Seiten anbraten, herausnehmen und warm stellen.

2 Für die Suppe Zwiebeln abziehen, halbieren und in feine Würfel schneiden. Kartoffeln schälen, abspülen, abtropfen lassen und ebenfalls fein würfeln. Restliche Knoblauchzehe in Scheiben schneiden.

3 Zwiebeln und Knoblauchscheiben in dem Topf im verbliebenen Bratfett kräftig anbraten. Kartoffelwürfel und Lorbeerblatt hinzugeben und kurz mit andünsten. Mit Salz und Pfeffer würzen. Gemüsebrühe und Zitronensaft hinzugießen, wieder zum Kochen bringen. Die Kartoffelwürfel bei mittlerer Hitze etwa 12 Minuten kochen lassen, bis sie zerfallen.

4 In der Zwischenzeit Tomaten abspülen, abtrocknen, vierteln, evtl. die Stängelansätze herausschneiden. Fetakäse zerbröseln, Olivenringe abtropfen lassen. Basilikum und Minze abspülen und trocken tupfen. Die Blättchen von den Stängeln zupfen und klein schneiden.

5 Lorbeerblatt entfernen. Kartoffelsuppe mit einem Schneebesen gut durchrühren. Klößchen hinzugeben und in der Suppe kurz erhitzen. Mit den Kräutern abschmecken. Die Suppe mit Tomaten, Käse und Oliven garnieren und sofort servieren.

Tipp

Anstelle des frischen Basilikums können Sie auch 3 Esslöffel TK-Basilikum verwenden. Frische Minze kann durch ½–1 Teelöffel getrocknete Minze ersetzt werden.
Das Hackfleisch im Topf krümelig anbraten und mit Kartoffeln, Zwiebeln, Gemüsebrühe und restlichen Zutaten als Eintopf kochen und servieren.

Chinakohleintopf

Zubereitungszeit: 25 Minuten | Garzeit: etwa 13 Minuten

4 Portionen | Pro Portion: E: 37 g, F: 8 g, Kh: 35 g, kJ: 1511, kcal: 361 | Einfach

Zutaten

4 Zwiebeln
1–2 Knoblauchzehen
800 g Kartoffeln
1 ¼ kg Chinakohl
1 EL Speiseöl, z. B. Rapsöl
500 g Tatar (Schabefleisch)
Salz
frisch gemahlener Pfeffer
2 gestr. TL Instant-Gemüsebrühe
200 ml heißes Wasser
800 g stückige Tomaten (aus dem Tetra-Pak®)

½ Bund Schnittlauch

Zubereitung

1 Zwiebeln und Knoblauch abziehen und fein würfeln. Kartoffeln schälen, abspülen, abtropfen lassen und in etwa 1 ½ cm große Würfel schneiden. Chinakohl putzen, vierteln und den Strunk herausschneiden. Chinakohl in feine Streifen schneiden, abspülen und abtropfen lassen.

2 Öl in einem Topf erhitzen. Zwiebel-, Knoblauch und Kartoffelwürfel hinzufügen und unter Rühren anbraten.

3 Tatar hinzufügen und unter Rühren mit anbraten, evtl. mit einer Gabel etwas zerdrücken. Mit Salz, Pfeffer und Brühe würzen.

4 Das Wasser hinzugießen, alles unter Rühren zum Kochen bringen und etwa 5 Minuten köcheln lassen. Tomaten unterrühren und wieder zum Kochen bringen.

5 Chinakohlstreifen unter die Tatar-Tomaten-Mischung rühren. Chinakohleintopf nochmals kurz aufkochen lassen und etwa 8 Minuten unter gelegentlichem Rühren köcheln lassen.

6 Schnittlauch abspülen, trocken tupfen und in Röllchen schneiden. Den Eintopf vor dem Servieren nochmals abschmecken und mit Schnittlauchröllchen bestreut servieren.

Tipp

Dazu frisches Roggenbaguette servieren.

Bunter Linseneintopf

Zubereitungszeit: 35 Minuten, ohne Einweichzeit I Garzeit: 15–20 Minuten

6 Portionen I Pro Portion: E: 40 g, F: 30 g, Kh: 59 g, kJ: 2812, kcal: 670 I Deftig

Zutaten

200 g rote Linsen
200 g grüne Linsen
200 g schwarze Linsen
2 rote Zwiebeln
1 Knoblauchzehe
100 g Südtiroler Bauernspeck
500 g Lyoner Wurst (Fleischwurst)
1 dicke Möhre
100 g Knollensellerie
1 kleine Stange Porree (Lauch)
2 EL Olivenöl
1 EL Zucker
2–3 EL Balsamico-Essig
2 l Fleischbrühe
1 Stängel Rosmarin
1 Lorbeerblatt
Salz
gemahlener Pfeffer

1 dickes Bund Schnittlauch
150 g Crème fraîche

Zubereitung

1 Die Linsen auf ein Sieb geben, unter fließendem kalten Wasser abspülen, abtropfen lassen und in eine Schüssel geben. Kaltes Wasser hinzugießen, sodass die Linsen ganz bedeckt sind. Linsen über Nacht einweichen. Danach auf einem Sieb abtropfen lassen. Das Einweichwasser dabei auffangen.

2 Zwiebeln und Knoblauch abziehen, jeweils in kleine Würfel schneiden. Bauernspeck in feine Streifen schneiden. Die Lyoner Wurst in etwa 1 cm große Würfel schneiden.

3 Möhre und Sellerie putzen, schälen, abspülen, abtropfen lassen und ebenfalls in 1 cm große Würfel schneiden. Porree putzen, die Stange längs halbieren, gründlich waschen, abtropfen lassen und in sehr kleine Stücke schneiden.

4 Olivenöl in einem Topf erhitzen und Zwiebel- und Knoblauchwürfel darin andünsten. Speckstreifen und Wurstwürfel hinzugeben und mitdünsten lassen.

5 Linsen, Möhren-, Selleriewürfel und Porreestückchen hinzugeben. Mit Zucker bestreuen. Die Zutaten unter Rühren karamellisieren lassen. Mit Balsamico-Essig ablöschen. Die Brühe und das aufgefangene Einweichwasser hinzugießen und zum Kochen bringen. Rosmarin abspülen, trocken tupfen und mit dem Lorbeerblatt hinzugeben. Mit Salz und Pfeffer würzen. Den Eintopf zugedeckt 15–20 Minuten bei schwacher Hitze kochen lassen. Dann das Lorbeerblatt entfernen.

6 Schnittlauch abspülen, trocken tupfen und in kleine Röllchen schneiden. Den Eintopf nochmals mit den Gewürzen abschmecken und mit Schnittlauchröllchen bestreut servieren. Crème fraîche dazureichen.

Tipp

Zur besseren Verträglichkeit von Linsengerichten können Sie zusätzlich zum Suppengrün etwas klein gewürfelten, frischen Ingwer in das Gericht geben.

Spinatcremesuppe mit Räucherforelle

Zubereitungszeit: 20 Minuten | Garzeit: etwa 10 Minuten

4 Portionen | Pro Portion: E: 12 g, F: 21 g, Kh: 9 g, kJ: 1162, kcal: 279 | Schnell zubereitet

Zutaten

500 g Blattspinat
1 Zwiebel
1 Knoblauchzehe
40 g Butter
2 EL Weizenmehl
800 ml Gemüsebrühe
150 g Crème fraîche
Zucker
Salz
gemahlener Pfeffer
geriebene Muskatnuss
125 g geräuchertes Forellenfilet

Zubereitung

1. Spinat verlesen, gründlich waschen, abtropfen lassen und in kochendem Wasser etwa 1 Minute blanchieren. Spinat auf ein Sieb geben, mit kaltem Wasser abspülen und abtropfen lassen.

2. Zwiebel und Knoblauch abziehen, in feine Würfel schneiden. Butter in einem Topf zerlassen und die Zwiebel- und Knoblauchwürfel darin andünsten, mit Mehl bestäuben. Mit einem Schneebesen gut verrühren und etwa 1 Minute mitdünsten lassen.

3. Die Brühe unterrühren, unter Rühren aufkochen lassen und glatt rühren. Zuletzt Crème fraîche unterrühren. Die Suppe zum Kochen bringen und etwa 5 Minuten kochen lassen. Spinat fein hacken und in die Suppe geben. Mit Zucker, Salz, Pfeffer und Muskat abschmecken.

4. Forellenfilets in Stücke schneiden. Die Spinatcremesuppe in Suppentassen füllen und die Forellenfiletstücke darauf verteilen.

Tipp

Anstatt Räucherforelle können Sie auch Räucherlachs verwenden. Dazu schmeckt frisches Körnerbaguette besonders gut.

Helgoländer Fischtopf

Zubereitungszeit: 30 Minuten I Garzeit: etwa 20 Minuten

4 Portionen I Pro Portion: E: 30 g, F: 28 g, Kh: 39 g, kJ: 2220, kcal: 532 I Für Gäste – mit Alkohol

Zutaten

4 Schalotten
1 kg festkochende Kartoffeln
2 EL Butter
2 l Wasser
Krebspaste für 2 l Flüssigkeit
1 Salatgurke
200 g Lachswürfel
200 g Miesmuschelfleisch
200 g Nordseekrabbenfleisch
evtl. Weinbrand
Salz
gemahlener Pfeffer
125 g Crème fraîche
1 Bund Dill

Zubereitung

1 Schalotten abziehen, zuerst in Scheiben schneiden, dann in Ringe teilen. Kartoffeln schälen, abspülen, abtropfen lassen und in 2 cm große Würfel schneiden.

2 Butter in einem Topf zerlassen und Schalottenringe darin glasig dünsten. Kartoffelwürfel hinzugeben und kurz mit andünsten. Das Wasser hinzugießen und zum Kochen bringen. Krebspaste unterrühren und die Flüssigkeit damit leicht binden. Die Kartoffelwürfel zugedeckt etwa 20 Minuten garen.

3 Salatgurke schälen, längs halbieren und mit einem Teelöffel die Kerne herauskratzen. Die Gurkenhälften in mundgerechte Stücke schneiden und kurz vor Ende der Garzeit zu den Kartoffeln geben.

4 Lachswürfel, Miesmuscheln und Nordseekrabbenfleisch in den Eintopf geben (den Eintopf nicht mehr kochen lassen, die Krabben werden sonst hart).

5 Den Eintopf erhitzen, dabei möglichst wenig umrühren. Den Eintopf nach Belieben mit etwas Weinbrand, Salz und Pfeffer abschmecken.

6 Crème fraîche mit Salz und Pfeffer glatt rühren. Dill abspülen und trocken tupfen. Die Blättchen von den Stängeln zupfen und klein schneiden. Den Eintopf mit Dill bestreut servieren. Crème fraîche dazureichen.

Tipp

Dazu schmeckt geröstetes Brot und ein frisch gezapftes Bier (Pils).

Gurkencremesuppe mit Dill

Zubereitungszeit: 25 Minuten, ohne Einweichzeit | Garzeit Suppe: 10–15 Minuten | Garzeit Klößchen: etwa 5 Minuten

4 Portionen | Pro Portion: E: 14 g, F: 54 g, Kh: 15 g, kJ: 2652, kcal: 634 | Mit Alkohol

Zutaten

Zum Vorbereiten:

2 EL Senfkörner

100 ml Weißwein

Für die Klößchen:

150 g gut gekühltes Lachsfilet (ohne Haut und Gräten)

100 g Schlagsahne

Salz

etwas Zitronensaft

etwas Pernod (Anislikör)

Für die Suppe:

2 Salatgurken

1 Gemüsezwiebel (etwa 150 g)

2 EL Butterschmalz

geriebene Muskatnuss

Saft von 1 Zitrone

400 ml Fischfond oder Gemüsebrühe

400 g Schlagsahne

2 TL Speisestärke

Salzwasser

3 Stängel Dill

Zubereitung

1 Zum Vorbereiten die Senfkörner in eine Schale geben, mit Wein übergießen und über Nacht einweichen.

2 Für die Klößchen Lachsfilet unter fließendem kalten Wasser abspülen und trocken tupfen. 100 g Lachsfilet in Würfel schneiden, mit Sahne in einem Zerkleinerer zu einer glatten Masse verarbeiten. Mit Salz, Zitronensaft und etwas Pernod würzen. Restliches Lachsfilet in sehr kleine Würfel schneiden und unter die Lachsmasse heben. Kalt stellen.

3 Gurken abspülen und trocken tupfen. Von 1 Gurke einige dünne Scheiben zum Garnieren abschneiden, halbieren und zugedeckt kalt stellen. Beide Gurken schälen und der Länge nach halbieren. Die Kerne mit einem Löffel herausschaben. Gurkenhälften quer in halbe Ringe schneiden. Zwiebel abziehen, halbieren und in kleine Würfel schneiden.

4 Butterschmalz in einem Topf erhitzen. Zwiebelwürfel darin glasig dünsten. Gurkenringe hinzugeben und kurz mit andünsten. Mit Salz, Muskat und Zitronensaft würzen. Eingeweichte Senfkörner mit dem Wein unterrühren. Fond oder Brühe und Sahne hinzugießen.

5 Die Zutaten zum Kochen bringen und 10–15 Minuten bei schwacher Hitze köcheln lassen. Speisestärke mit 2 Esslöffeln kaltem Wasser anrühren, in die kochende Suppe rühren und unter Rühren aufkochen lassen. Suppe warm stellen.

6 Salzwasser in einem Topf zum Kochen bringen. Aus der Lachsmasse mit zwei kalt abgespülten Teelöffeln Klößchen abstechen, in das siedende Salzwasser geben und etwa 5 Minuten gar ziehen lassen.

7 Dill abspülen und trocken tupfen. Die Spitzen von den Stängeln zupfen. Einige Spitzen zum Garnieren beiseitelegen. Restliche Spitzen klein schneiden. Die Lachsklößchen mit einer Schaumkelle aus dem Salzwasser nehmen und abtropfen lassen.

8 Lachsklößchen in Suppentassen oder -tellern verteilen und mit der Suppe auffüllen, mit geschnittenem Dill bestreuen. Die Suppe mit den kalt gestellten Gurkenscheiben und den Dillspitzen garnieren. Gurkencremesuppe sofort servieren.

Karibischer Kokos-Fisch-Topf

Zubereitungszeit: 30 Minuten I Garzeit: etwa 10 Minuten

4 Portionen I Pro Portion: E: 42 g, F: 34 g, Kh: 27 g, kJ: 2477, kcal: 597 I Exotisch

Zutaten

- 1 Bund Frühlingszwiebeln
- 2 Knoblauchzehen
- 2 grüne Chilischoten
- 1 walnussgroßes Stück Ingwerwurzel
- 2 feste Kochbananen
- 1 Mini-Ananas
- 1 rote Paprikaschote
- 2 EL Erdnussöl
- 1 TL Kurkuma (Gelbwurz)
- 600 ml Kokosmilch
- 200 ml Gemüsebrühe
- 12 Garnelenschwänze (mit Schale)
- 600 g Red-Snapper-Filet
- 1 Bund Koriander oder Minze

Zubereitung

1 Frühlingszwiebeln putzen, waschen und abtropfen lassen. Das zarte Grün in feine Scheiben schneiden. Die weißen Zwiebeln in Stücke schneiden. Knoblauch abziehen und in kleine Würfel schneiden.

2 Chilischoten halbieren, entstielen und entkernen. Schotenhälften abspülen, trocken tupfen und in sehr kleine Würfel schneiden. Ingwer schälen und fein reiben.

3 Bananen schälen und in etwa 2 cm dicke Scheiben schneiden. Von der Ananas Blatt- und Strunkende entfernen. Ananas vierteln und den mittleren Strunk herausschneiden. Das Ananasfruchtfleisch in mundgerechte Stücke schneiden.

4 Paprikaschote halbieren, entstielen, entkernen und den Stängelansatz entfernen. Die Schotenhälften waschen, abtropfen lassen und in mundgerechte Stücke schneiden.

5 Erdnussöl in einem Topf erhitzen. Frühlingszwiebelscheiben, -stücke, Knoblauch-, Chiliwürfel und Ingwer darin andünsten. Mit Kurkuma bestreuen und kurz mitdünsten lassen. Kokosmilch und Brühe hinzugießen. Bananenscheiben, Ananas- und Paprikastücke hinzugeben, zum Kochen bringen und zugedeckt etwa 5 Minuten bei schwacher Hitze kochen lassen.

6 Garnelenschwänze und Fischfilet unter fließendem kalten Wasser abspülen und trocken tupfen. Fischfilet in Stücke schneiden.

7 Die Garnelenschwänze in den Eintopf geben und etwa 3 Minuten ziehen lassen. Anschließend die Fischfiletstücke hinzugeben und weitere etwa 3 Minuten ziehen lassen.

8 Koriander oder Minze abspülen und trocken tupfen. Die Blättchen von den Stängeln zupfen. Die Blättchen klein schneiden. Den Kokos-Fisch-Topf mit Koriander oder Minze bestreut servieren.

Korianderschaumsüppchen mit Garnelen

Zubereitungszeit: 40 Minuten I Garzeit: etwa 25 Minuten

4 Portionen I Pro Portion: E: 24 g, F: 26 g, Kh: 23 g, kJ: 1802, kcal: 433 I Für Gäste

Zutaten

400 g Kartoffeln

175 g Bambussprossen (aus der Dose)

2 milde Chilischoten

200 g Sojabohnensprossen

3 Frühlingszwiebeln

1 Möhre

2 EL Olivenöl

1 l Geflügelfond oder -brühe

2 Bund Koriander

4 EL Sojasauce

Salz

gemahlener Pfeffer

1 Dose Kokosmilch (400 ml)

8 frische Garnelen (etwa 250 g)

2 EL Olivenöl

kleine, vorbereitete Korianderstängel

Außerdem:

4 Holzspieße oder
4 Stängel Zitronengras

Zubereitung

1 Kartoffeln schälen, abspülen, abtropfen lassen und in kleine Würfel schneiden. Bambussprossen auf einem Sieb abtropfen lassen. Chilischoten abspülen, trocken tupfen und sehr klein schneiden, evtl. entkernen. Sojabohnensprossen auf ein Sieb geben, mit kaltem Wasser abspülen und abtropfen lassen.

2 Frühlingszwiebeln putzen, waschen, abtropfen lassen und in kleine Würfel schneiden. Möhre putzen, schälen, abspülen, abtropfen lassen und ebenfalls in kleine Würfel schneiden.

3 Jeweils etwas Olivenöl in einem Topf erhitzen. Die vorbereiteten Zutaten darin portionsweise andünsten. Alle gedünsteten Zutaten wieder in den Topf geben. Geflügelfond oder -brühe hinzugießen, zum Kochen bringen und zugedeckt etwa 25 Minuten bei schwacher Hitze leicht kochen lassen.

4 Koriander abspülen und trocken tupfen. Die Blättchen von den Stängeln zupfen. Blättchen grob zerkleinern und in die Suppe rühren. Mit Sojasauce, Salz und Pfeffer würzen. Die Suppe mit einem Stabmixer pürieren. Kokosmilch unterrühren und nochmals mit den Gewürzen abschmecken.

5 Garnelen schälen, vom Rücken her den Darm entfernen. Garnelen kurz unter fließendem kalten Wasser abspülen und trocken tupfen. Dann mit Salz und Pfeffer würzen. Olivenöl in einer Pfanne erhitzen. Die Garnelen darin von beiden Seiten etwa 8 Minuten braten, herausnehmen und auf Holzspieße oder auf dünne Zitronengrasstängel spießen (je Spieß 2 Garnelen).

6 Die fertige Suppe evtl. nochmals erhitzen, mit dem Pürierstab aufschäumen und in Suppentassen anrichten. Garnelenspieße jeweils auf den Tassenrand legen und mit frischen Korianderblättchen garnieren.

Tipp

Zusätzlich können auch kleine, gebratene Geflügelmedaillons in die Suppe gegeben werden. Leicht angeschlagene Sahne macht die Suppe noch cremiger.

Meeresfrüchtesuppe

Zubereitungszeit: 25 Minuten, ohne Auftauzeit | Garzeit: etwa 75 Minuten

4 Portionen | Pro Portion: E: 33 g, F: 20 g, Kh: 30 g, kJ: 1812, kcal: 436 | Exotisch

Zutaten

Salzwasser

100 g Langkornreis

500 g gemischte TK-Meeresfrüchte

8 TK-Garnelen (etwa 200 g)

je 1 rote und grüne Paprikaschote (etwa 400 g)

2 rote Peperoni

1 Stängel Zitronengras

1 EL Speiseöl

1 Dose Kokosmilch (400 ml)

Salz

gemahlener Pfeffer

1 EL rosa Pfefferbeeren

2 EL Fischsauce (erhältlich im Asialaden) oder Sojasauce

Zubereitung

1 Salzwasser in einem Topf zum Kochen bringen. Den Reis hinzugeben und nach Packungsanleitung in 15–20 Minuten gar kochen lassen. Reis auf ein Sieb geben, mit kaltem Wasser übergießen und abtropfen lassen.

2 Inzwischen Meeresfrüchte und Garnelen nach Packungsanleitung antauen lassen. Paprikaschoten halbieren, entstielen, entkernen und die weißen Scheidewände entfernen. Peperoni längs aufschneiden und entkernen. Paprikaschoten und Peperoni abspülen und trocken tupfen. Paprikaschoten in grobe Würfel, Peperoni quer in schmale Streifen schneiden.

3 Zitronengrasstängel von der äußeren Schale befreien, abspülen, trocken tupfen und längs vierteln.

4 Meeresfrüchte und Garnelen unter fließendem kalten Wasser abspülen und trocken tupfen.

5 Öl in einem Topf erhitzen und Paprikawürfel und Peperonistreifen kurz darin andünsten. Kokosmilch hinzugießen. Mit Salz, Pfeffer, Pfefferbeeren, Fischsauce oder Sojasauce und Zitronengrasstücken würzen und aufkochen lassen.

6 Meeresfrüchte und Garnelen dazugeben und bei schwacher Hitze etwa 5 Minuten ziehen lassen.

7 Zitronengrasstücke entfernen. Reis in die Suppe geben, evtl. nochmals erhitzen und die Meeresfrüchtesuppe in Suppenschalen anrichten.

Tipp

So vermeiden Sie Fischgeruch an den Händen: Hände vor dem Waschen mit Zitronensaft oder Essig einreiben.

Holsteiner Flussfische mit Porree und Kräutern in Rahm

Zubereitungszeit: 45 Minuten | Garzeit: etwa 45 Minuten

6 Portionen | Pro Portion: E: 30 g, F: 39 g, Kh: 22 g, kJ: 2572, kcal: 615 | Mit Alkohol

Zutaten

4 Schalotten
300 g rosé Champignons
4 EL Butter
4 EL Weizenmehl
400 ml trockener Riesling
1,4 l Fischfond
Salz
gemahlener Pfeffer
2 Stangen Porree (Lauch)
4 große, festkochende Kartoffeln
250 g Schlagsahne
400 g Zanderfilet
350 g küchenfertiger Aal
1 Bund Petersilie
1 Bund Schnittlauch
1 Bund Dill

Zubereitung

1 Schalotten abziehen und in kleine Würfel schneiden. Champignons putzen, mit Küchenpapier abreiben, evtl. abspülen und trocken tupfen. Große Champignons halbieren.

2 Butter in einem Topf zerlassen und Schalottenwürfel darin glasig dünsten. Champignons hinzugeben und mit andünsten. Mit Mehl bestäuben, kurz mitdünsten lassen. Mit Wein ablöschen und zum Kochen bringen. Das klebende Mehl mit einem Spatel vom Topfboden lösen. Den Fischfond hinzugießen und mit Salz und Pfeffer würzen. Die Zutaten unter Rühren zum Kochen bringen und etwa 20 Minuten bei schwacher Hitze leicht kochen lassen. Dabei ab und zu umrühren.

3 Porree putzen, die Stangen längs halbieren, gründlich waschen, abtropfen lassen und in Streifen schneiden. Kartoffeln schälen, abspülen, abtropfen lassen und in 2 cm große Würfel schneiden. Porreestreifen und Kartoffelwürfel in den Eintopf geben, wieder zum Kochen bringen und weitere etwa 15 Minuten bei mittlerer Hitze kochen lassen. Sahne hinzugießen.

4 In der Zwischenzeit Zander und Aal unter fließendem kalten Wasser abspülen und trocken tupfen. Den Zander und Aal in mundgerechte Stücke schneiden. Kräuter abspülen und trocken tupfen. Von der Petersilie die Blättchen von den Stängeln zupfen und klein schneiden. Schnittlauch in Röllchen schneiden. Von dem Dill die Spitzen von den Stängeln zupfen und klein schneiden.

5 Nach etwa 15 Minuten Garzeit die Zander- und Aalstücke und die Hälfte der Kräuter in den Eintopf geben und vorsichtig unterrühren. Zugedeckt etwa 10 Minuten bei schwacher Hitze gar ziehen lassen.

6 Den Eintopf vor dem Servieren mit den restlichen Kräutern bestreuen.

Beilage: Herzhaftes Bauernbrot.

Süßer Gazpacho

Zubereitungszeit: 30 Minuten, ohne Abkühlzeit I Foto

4 Portionen I Pro Portion: E: 9 g, F: 32 g, Kh: 54 g, kJ: 2338, kcal: 559 I Raffiniert – für Gäste

20 g Speisestärke
150 ml kaltes Wasser
500 ml Orangensaft
3 Gewürznelken
40 g neutraler Honig, z. B. Blütenhonig
abgeriebene Schale von ½ Bio-Zitrone
4 Scheiben Toastbrot
30 g Butter
30 g Zucker
25 g gehackte Pistazienkerne
200 g Joghurt
150 g Himbeeren
2 reife Avocados (je 250 g)
3–4 EL Zitronensaft

1 Stärke und Wasser verrühren. Orangensaft, Nelken, Honig und Zitronenschale aufkochen. Die angerührte Stärke einrühren und unter Rühren aufkochen. Dann abkühlen lassen.

2 Toastbrot entrinden und in kleine Würfel schneiden. Butter in einer Pfanne schmelzen. Toastbrotwürfel darin bei milder Hitze goldbraun rösten. Zucker darüberstreuen und schmelzen lassen. Pistazien dazugeben und kurz anrösten. Aus der Pfanne nehmen und abkühlen lassen.

3 Joghurt glatt rühren. Himbeeren verlesen, falls nötig abspülen. Avocados halbieren und die Steine entfernen. Fruchtfleisch mit einem Löffel aus der Schale lösen. Mit Zitronensaft beträufeln und mit dem Stabmixer pürieren.

4 Nelken aus dem abgekühlten Saft nehmen. Avocadopüree unterrühren. Gazpacho mit Joghurt beträufeln und Toastbrotwürfel und Himbeeren daraufstreuen.

Süße Grießsuppe

Zubereitungszeit: 15 Minuten

4 Portionen I Pro Portion: E: 10 g, F: 4 g, Kh: 38 g, kJ: 967, kcal: 231 I Für Kinder

1 l Milch (1,5 % Fett)
½ Pck. Dr. Oetker Finesse Geriebene Zitronenschale
60 g Weichweizengrieß
60 g Zucker

1 Die Milch mit der Zitronenschale in einen Topf geben und zum Kochen bringen.

2 Den Weizengrieß mit dem Zucker vermischen und unter Rühren in die kochende Milch einstreuen. Grieß etwa 5 Minuten ohne Deckel bei schwacher Hitze ausquellen lassen, dabei gelegentlich umrühren.

3 Die Suppe in Suppentellern oder -tassen anrichten und warm servieren.

Kalte Melonensuppe

Zubereitungszeit: 30 Minuten

4 Portionen | Pro Portion: E: 3 g, F: 1 g, Kh: 43 g, kJ: 851, kcal: 203 | Fettarm – mit Alkohol

Zutaten

Für die Suppe:

200 ml Gemüsebrühe
2 gestr. EL Speisestärke
350 ml Multivitaminsaft
50 ml Portwein
1 reife Honigmelone (etwa 1 kg)
½ rote Paprikaschote (etwa 100 g)
einige Stängel Minze

Zubereitung

1 Brühe in einem Topf erhitzen. Speisestärke mit etwas von dem abgemessenen Multivitaminsaft verrühren, dabei darauf achten, dass keine Klümpchen entstehen. Angerührte Speisestärke unter Rühren zu der Brühe in den Topf geben und aufkochen. Den Topf von der Kochstelle nehmen. Mit einem Schneebesen nach und nach den restlichen Multivitaminsaft und den Portwein unterrühren. Die Suppe in eine Schüssel umfüllen und in den Kühlschrank stellen.

2 Honigmelone vierteln, die Kerne mithilfe eines Löffels herauskratzen. Das Fruchtfleisch aus der Schale lösen und in Stücke schneiden. Honigmelonenstücke in einen Rührbecher geben und mit einem Stabmixer pürieren. Melonenpüree in den Kühlschrank stellen.

3 Paprikaschotenhälfte abspülen, abtropfen lassen, weiße Scheidewände entfernen. Schotenhälften in feine Würfel schneiden.

4 Minze abspülen, trocken tupfen, die Blättchen von den Stängeln zupfen und in Streifen schneiden.

5 Melonenpüree und Suppe miteinander verrühren. Paprikawürfel und Minzestreifen unterrühren. Die Suppe bis zum Servieren in den Kühlschrank stellen.

6 Die kalte Melonensuppe in tiefen Tellern oder Suppentassen verteilen und gut gekühlt servieren.

Tipp

Stechen Sie mit einem Kugelausstecher einige Melonenkugeln aus der Melone aus und geben sie in die Suppe. Schön sehen auch Kugeln aus unterschiedlichen Melonensorten (z. B. Wasser- oder Cantaloupemelone) aus. Geben Sie zusätzlich feine Würfel von Serranoschinken in die Suppe.

Rhabarber-Himbeer-Suppe mit Erdbeeren

Zubereitungszeit: 35 Minuten | Garzeit Suppe: etwa 10 Minuten | Garzeit Klöße: etwa 5 Minuten

4 Portionen | Pro Portion: E: 4 g, F: 1 g, Kh: 56 g, kJ: 1223, kcal: 292 | Raffiniert – mit Alkohol

Zutaten

500 g Rhabarber
125 g Zucker
250 ml Weißwein
1 Pck. TK-Himbeeren (250 g)
500 g Erdbeeren

Für die Schneeklößchen:

1 Eiweiß (Größe M)
1 TL Zucker

Zum Bestreuen:

5 TL Zucker
1 TL gemahlener Zimt

Zubereitung

1 Rhabarber waschen, abtropfen lassen, Stielenden und Blattansätze entfernen. Rhabarber nicht abziehen. Die Stangen in kleine Stücke schneiden.

2 Zucker in einem Topf erhitzen und unter Rühren leicht bräunen (karamellisieren) lassen. Wein hinzugießen und unter Rühren erhitzen. Rhabarberstücke und gefrorene Himbeeren (einige Himbeeren beiseitelegen) hinzufügen, zum Kochen bringen und etwa 10 Minuten kochen lassen. Die Suppe durch ein Sieb streichen.

3 Erdbeeren putzen, waschen, gut abtropfen lassen, entstielen, halbieren und mit den beiseitegelegten Himbeeren in die Suppe geben.

4 Eiweiß sehr steif schlagen, Zucker kurz unterschlagen. Vom dem Eischnee mit einem Löffel kleine Klößchen abstechen.

5 Wasser in einem Topf zum Kochen bringen. Die Schneeklößchen auf das kochende Wasser setzen und zugedeckt in etwa 5 Minuten fest werden lassen, mit einer Schaumkelle herausnehmen und auf die Suppe setzen.

6 Zucker und Zimt mischen und die Schneeklößchen damit bestreuen.

Tipp

Die Suppe kann auch am Vortag gekocht und eisgekühlt serviert werden. Die Schneeklößchen dürfen dann jedoch erst kurz vor dem Anrichten auf die Suppe gesetzt werden.

Milchsuppe mit Schneeklößchen

Zubereitungszeit: 25 Minuten

4 Portionen | Pro Portion: E: 9 g, F: 9 g, Kh: 34 g, kJ: 1174, kcal: 281 | Für Kinder – schnell

Zutaten

Für die Suppe:

1 Pck. Dr. Oetker Pudding-Pulver Vanille-, Mandel- oder Sahne-Geschmack

60 g Zucker

1 Prise Salz

1 l Milch

1 Eigelb (Größe M)

½ Bio-Zitrone

Für die Schneeklößchen:

1 Eiweiß (Größe M)

1 schwach geh. TL Zucker

Zubereitung

1 Für die Suppe Pudding-Pulver mit Zucker und Salz mischen. Mit mindestens 6 Esslöffeln von der Milch anrühren. Eigelb unterrühren. Die Zitronenhälfte heiß abwaschen, abtrocknen und die Schale dünn abschälen. Restliche Milch mit der Zitronenschale in einem großen Topf zum Kochen bringen.

2 Angerührtes Pudding-Pulver in die von der Kochstelle genommene Milch rühren und unter Rühren kurz aufkochen lassen. Anschließend die Zitronenschale entfernen.

3 Für die Schneeklößchen Eiweiß mit Zucker sehr steif schlagen. Mit zwei Teelöffeln kleine Klößchen abstechen und auf die Suppe setzen. Die Klößchen zugedeckt etwa 5 Minuten in der Suppe gar ziehen lassen (Flüssigkeit muss sich leicht bewegen).

Variante 1: Für eine Schokoladensuppe die Suppe mit 1 Päckchen Dr. Oetker Pudding-Pulver Schokoladen-Geschmack und 75 g Zucker, aber ohne Zitronenschale zubereiten. Dafür nach Belieben 1 Stück Zimtstange mitkochen und vor dem Verzehr entfernen.

Variante 2: Für einen Haferschleim 1 Liter Milch mit Zitronenschale aufkochen. 40 g Haferflocken und 1 Prise Salz unterrühren. Einmal kurz aufkochen und dann ohne Deckel etwa 10 Minuten bei schwacher Hitze quellen lassen, dabei gelegentlich umrühren. Zum Schluss die Zitronenschale entfernen und 50 g Zucker sowie 1 Päckchen Dr. Oetker Vanillin-Zucker unterrühren. Je nach Haferflockensorte (zart, kernig) bekommt die Suppe eine etwas andere Konsistenz.

Tipp

Die Suppe nach Belieben mit Zimt-Zucker bestreuen oder 50 g Rosinen mitkochen. Die Milchsuppe mit fein geschnittener Zitronenschale und Minzblättchen garnieren.

Kapitelregister

Vegetarisch

Suppen & Eintöpfe mit Fleisch

Suppen & Eintöpfe mit Fisch

Süße Suppen

Allgemeine Hinweise

Abkürzungen

EL	=	Esslöffel
TL	=	Teelöffel
Msp.	=	Messerspitze
Pck.	=	Packung/Päckchen
g	=	Gramm
kg	=	Kilogramm
ml	=	Milliliter
l	=	Liter
evtl.	=	eventuell
Fl.	=	Fläschchen
geh.	=	gehäuft
gestr.	=	gestrichen
TK	=	Tiefkühlprodukt
°C	=	Grad Celsius

Kalorien-/Nährwertangaben

E	=	Eiweiß
F	=	Fett
Kh	=	Kohlenhydrate
kJ	=	Kilojoule
kcal	=	Kilokalorie

Hinweise zu den Rezepten

Lesen Sie vor der Zubereitung – besser noch vor dem Einkauf – das Rezept einmal vollständig durch. Oft werden Arbeitsabläufe oder -zusammenhänge dann klarer.

Zutatenliste

Die Zutaten sind in der Reihenfolge ihrer Bearbeitung angegeben.

Arbeitsschritte

Die Arbeitsschritte sind einzeln hervorgehoben, in der Reihenfolge, in der sie von uns ausprobiert wurden.

Genehmigte Lizenzausgabe für Verlagsgruppe Weltbild GmbH,
Steinerne Furt, 86167 Augsburg

Redaktion Jasmin Gromzik, Miriam Krampitz

Titelfoto Fotostudio Diercks, Hamburg

Innenfotos Fotostudio Diercks – Kai Boxhammer, Thomas Diercks, Christiane Krüger – Hamburg
(S. 21, 23, 27, 33, 35, 37, 39, 47, 51, 53, 55, 57, 63, 77, 83, 85, 89, 91, 93, 95, 97, 101, 103, 107, 109, 111, 113, 117, 123, 125)
Ulli Hartmann, Halle/Westfalen (S. 81, 87, 105)
Bernd Lippert (S. 121)
Janne Peters, Hamburg (S. 17, 25, 41, 43)
Antje Plewinski, Berlin (S. 15, 19, 29, 115)
Hans-Joachim Schmidt, Hamburg (S. 13, 31, 49, 71, 119)
Brigitte Wegner, Bielefeld (S. 45)
Winkler Studios, Bremen (S. 7, 9, 11, 59, 61, 65, 67, 69, 73, 75, 79, 99)

Titelgestaltung kontur:design GmbH, Bielefeld
Grafisches Konzept kontur:design GmbH, Bielefeld
Gestaltung und Satz MDH Haselhorst, Bielefeld

Druck und Bindung Firmengruppe APPL, aprinta druck, Wemding

Printed in the EU
978-3-8289-2758-2

2014 2013 2012
Die letzte Jahreszahl gibt die aktuelle Lizenzausgabe an.